미래와 통하는 책

동양북스 외국어 베스트 도서

700만 독자의 선택!

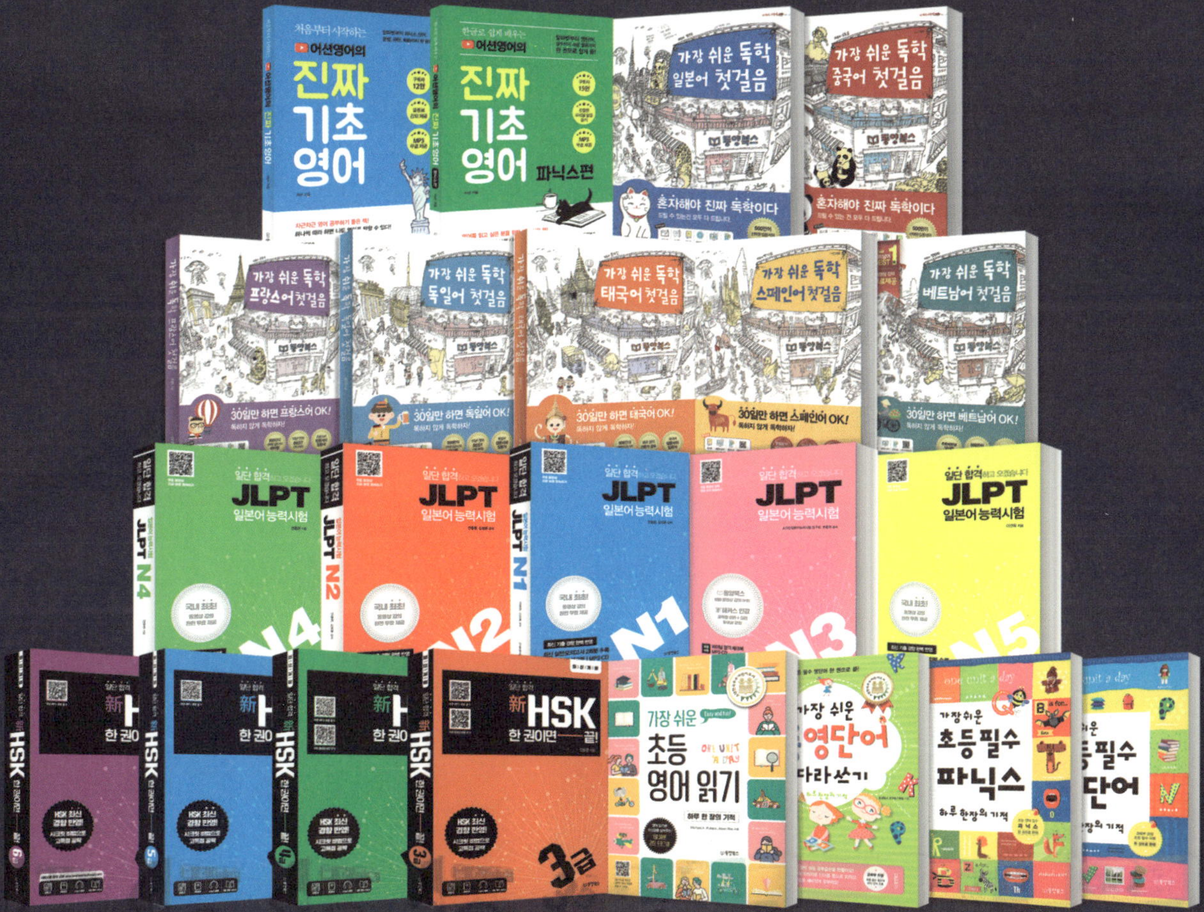

일취월장 JPT 실전 모의고사

日就 月將

5회분
500점 공략

동양북스

초판 9쇄 | 2024년 4월 20일

지 은 이 | 서경원
발 행 인 | 김태웅
책임 편집 | 길혜진, 이서인
디 자 인 | 남은혜, 김지혜
마케팅 총괄 | 김철영
온라인 마케팅 | 김은진
제   작 | 현대순

발 행 처 | ㈜동양북스
등   록 | 제 2014-000055호(2014년 2월 7일)
주   소 | 서울시 마포구 동교로22길 14(04030)
구입문의 | 전화 (02)337-1737   팩스 (02)334-6624
내용문의 | 전화 (02)337-1762   dybooks2@gmail.com

ISBN 979-11-5703-067-5 13730

이 도서의 국립중앙도서관 출판시도서목록(CIP)은 서지정보유통지원시스템 홈페이지(http://seoji.go.kr)와
국가자료공동목록시스템(http://www.nl.go.kr/kolisnet)에서 이용하실 수 있습니다.
(CIP제어번호:CIP2015009542)

머리말

현장 강의나 JPT 시험장에서 간혹 이런 질문을 받곤 합니다.

"입사 지원 가산점이 500점 이상인데 단기간에 받을 수 있는 방법이 없을까요?"
"전 고득점은 필요 없고 딱 500점만 넘기면 승진이 되는데 어떻게 하면 될까요?"

언어는 개인차도 심하고 학습 단계에 따라 계단식으로 점수가 올라가기 때문에 점수대에 맞게 딱 잘라 학습 방법을 제시하기란 쉽지 않습니다만, 어느 정도는 학습자가 필요한 점수에 적합한 학습 방법은 있다고 생각합니다.

예를 들어 500점만 넘기면 되는 학습자가 과연 사자성어나 관용 표현 등을 공부할 필요가 있을까요? 사자성어의 출제 빈도는 대략 2년에 한 단어 정도입니다. 관용 표현은 거의 매 시험 출제되긴 하지만 사람의 신체 부위를 사용한 관용 표현만으로도 이미 1000가지 표현을 훌쩍 넘어 버립니다. 결국 두 가지 출제 유형 모두 500점 정도만 필요한 학습자들에게는 거의 학습을 하지 않아도 되는 부분이라고 말씀드릴 수 있습니다. 하지만 시중의 모의고사 문제집들은 모든 점수대별 학습자를 대상으로 한 교재가 대부분이고, 점수대별 공략집이라 해도 독학서 위주의 교재가 많아 제대로 된 실전 감각을 익히기에는 부족한 부분이 많다고 생각합니다. 그러한 문제점들을 보완해 500점이라는 점수대에 맞는 모의고사 문제집을 이번에 출간하게 되었습니다.

이 교재에는 실제 시험과 동일한 문제 형식의 모의고사 5회분, 총 1000문제가 실려 있습니다. 시중의 모의고사 교재는 1회분, 2회분, 3회분 정도의 분량이 대부분입니다만, 이 교재에서는 좀 더 체계적인 학습을 위해 2회분을 더 늘렸습니다. 나아가 청해 문제의 스크립트와 문제 해설 및 어휘 정리는 무료로 다운로드할 수 있습니다. 여러분들은 각 모의고사를 통해 파트별 출제 유형은 물론이고 빈출 표현까지 빠짐없이 정리하실 수 있으리라 생각됩니다.

집필을 하는 동안 난이도 조절 등 여러 가지로 힘든 점이 많았습니다만, 그동안의 노력이 이렇게 한 권의 교재로 결실을 맺는 걸 보니 무척 기쁩니다. 이 책이 부디 여러분들의 JPT 학습과 목표 점수 도달에 조금이나마 도움이 되길 바랍니다. 끝으로 이 교재가 나오기까지 많이 고생하신 동양북스 관계자 분들께 감사의 말씀을 드리며 이 글을 맺고자 합니다.

저자 서경원 올림

차 례

JPT 시험 개요

★ JPT 시험에 대하여

 JPT 시험(일본어: JPT日本語能力試験, Japanese Proficiency Test)은 학문적인 일본어 지식의 정도를 측정하기 위한 시험이 아니라, 언어 본래의 기능인 커뮤니케이션 능력을 측정할 목적으로 시행한다. 따라서 사용빈도가 낮고 지역적이며 관용적·학문적 어휘는 배제하고, 도쿄[東京]를 중심으로 한 표준어를 대상으로 출제한다.

★ 시험의 구성 및 문제 유형

크게 청해와 독해로 구분되고, 총 200문항이 출제되며, 990점이 만점이다.

구분	유형	문항수	시간	배점
청해 (100문항)	PART1 사진 묘사	20문항	45분	495점
	PART2 질의 응답	30문항		
	PART3 회화문	30문항		
	PART4 설명문	20문항		
독해 (100문항)	PART5 정답 찾기	20문항	50분	495점
	PART6 오문 정정	20문항		
	PART7 공란 메우기	30문항		
	PART8 독해	30문항		
		200문항	**95분**	**990점**

★ 시험의 특징

① 청해와 독해 시험만으로도 말하고 쓰는 능력을 간접적으로 평가한다.

② 각각의 문제에 대한 객관성·실용성·신뢰성을 유지해 수험자의 언어 구사 능력을 정확하게 측정할 수 있다.

③ 컴퓨터 분석을 통해 문항별 난이도·변별도·타당도를 측정함으로써 결과를 객관적으로 입증받을 수 있다.

④ 각 폼(form)마다 상관관계와 연관성을 조사해 성적환산표를 작성함으로써 공정성과 신뢰성을 기할 수 있다.

청 해
100문항 / 45분

PART 1 사진 묘사
(20문항)

청해의 첫 도입부로 대상자가 Non-native인 점을 염두에 두고 의도적으로 사진이라는 시각적인 수단과 음성 언어를 통하여 응시자의 청취에 대한 심적 부담을 덜어줌과 동시에 음성이 귀에 익숙해지도록 하기 위한 것으로 청취력 및 순간적인 판단력을 평가할 수 있습니다.

☞ 메모가 포인트!

- **단어는 미리미리 적어라!**
  - 평소 잘 아는 단어도 순간 기억나지 않을 수 있다.
    파본 검사 시간에 사진 내용을 미리 보고 관련 단어를 적어 둔다.

- **선택지 (A)~(D)의 내용을 메모하라!**
  - 다 듣고 정답이 (A)였는지 (B)였는지 기억이 나지 않아 당황했던 적은 없는가?
    점(·)으로 보기를 표시하고 (A)~(D)의 내용을 메모하면서 들어야 한다.

PART 2 질의 응답
(30문항)

질의 응답 문제는 간단한 회화 문장으로 연이어 이어지는 문장의 의미를 파악, 순간적인 판단 능력을 요구하는 것으로써 자신이 대화에 직접 참여하여 상대방의 말이나 물음에 적절한 대답을 하거나 긍정 또는 부정을 나타내어 자신의 생각을 상대방에게 전달할 수 있는 능력까지 평가할 수 있습니다.

☞ 뒤로 갈수록 집중! 유사한 발음은 오답!

- **앞부분에는 의문사나 정해진 문구가 나온다!**
  - 실제 시험의 앞부분 문제는 의문사형 질문이나 정해진 문구 등이 출제된다. 의문사는 시제에 주의하면서 들으면 되고 정해진 문구는 허가나 승낙, 의뢰나 부탁, 권유, 과거의 경험, 금지 등의 표현이 자주 출제되므로 이 부분에 대한 학습이 필요하다.

- **40번 이후에 출제되는 부분도 요령이 필요하다!**
  - 비즈니스나 경제 관련 표현은 어휘가 어려워 듣기가 쉽지 않지만 지금까지 시험에서는 대체적으로 부정적인 내용이 많이 출제되었으므로 내용을 듣고 긍정 · 부정만 가려내도 어느 정도 정답을 찾을 수 있다. 그리고 문제에 등장했던 단어와 발음이 유사하거나 동일한 발음은 동음이의어로 출제된 오답이므로 과감히 정답에서 제외시키는 것이 좋다.

<table>
<tr><td>PART 3　회화문
(30문항)</td><td>회화문을 들으며 동시에 그 회화가 진행되고 있는 장면, 이야기 내용 등의 개괄적 혹은 구체적인 정보나 사실을 짧은 대화 중에서 정확하게 청취하는 능력과 대화에서 결론을 추론해 내는 능력을 평가할 수 있습니다.</td></tr>
</table>

☞ 뒷부분 메모가 포인트!

- **세 번째와 네 번째 문장에 집중하라!**
  - 대체로 세 번째(약 50%)와 네 번째(약 40%) 문장에 정답과 관련된 내용이 나오는 경우가 많으므로, 이 부분을 잘 듣도록 하자!

- **숫자 관련 문제는 주의하라!**
  - 금액 계산, 날짜 관련 문제들은 정답을 바로 제시하는 경우가 거의 없다. 주도 면밀한 계산이 필요하므로 다른 문제보다 주의를 요한다.

- **보기에 체크하고 순서를 적어라!**
  - 맞는 것과 많지 않는 것을 고르는 문제는 들으면서 보기에 하나씩 체크를 하고, 순서를 묻는 문제는 보기에 순서를 적으면 의외로 간단하게 풀린다.

<table>
<tr><td>PART 4　설명문
(20문항)</td><td>설명문은 청해 문제 중 가장 어려운 부분에 속합니다. PART 1, 2에서는 간단한 구어체로써 일본어의 이해도를 테스트하고 이어 PART 3에서는 일상의 회화 능력을 시험할 수 있으며 PART 4에 이르러서는 설명문을 읽어 주고 그것을 바탕으로 한 3~4개의 질문을 제시함으로써 상당한 수준의 종합적인 일본어 능력을 테스트할 수 있습니다.</td></tr>
</table>

☞ 메모하라! 미리 읽어라!

- **무조건 메모하라!**
  - 보통 설명문 길이는 30초 이상으로 출제된다. 당신은 친구가 30초 동안 계속 이야기한 것을 모두 기억할 수 있는가? 메모하라! 단 문제와 관련된 내용에 한해서이다.

- **시간은 겨우 5초 내외! 미리 읽어 두어라!**
  - 문제 사이의 간격이 대략 7~8초인데 마킹에만 2~3초는 걸리므로 문제를 미리 보고 관련 내용을 메모하면서 들어야 한다. 미리 문제를 읽어 두고 마킹은 청해가 끝나고 몰아서 하는 것도 한 방법이다.

독 해
100문항 / 50분

PART 5 정답 찾기 (20문항)

일본어에 있어 기본이 되는 한자 및 표기 능력을 통해 한자의 자체와 음, 훈에 관한 올바른 이해와 전반적인 문법, 어휘를 통한 일본어 문장 작성의 기초적인 능력을 평가함으로써 일본어 전반에 걸친 지식이 골고루 학습되어 있는가를 평가할 수 있습니다.

☞ 해석하지 말고 답을 찾아라!

- **제발! 문제를 읽지 마라!**
  - 발음이나 한자를 찾는 문제가 10문항 출제되는데 아직도 문제를 읽는 사람들이 있다. 제발 처음부터 읽지 말고 밑줄 부분만 보고 풀기 바란다.

- **문장을 해석하지 마라!**
  - 명심하라! PART 5는 문장을 해석하는 게 아니라 밑줄을 보고 답을 찾는 문제들이다.

- **닮은꼴을 찾아라!**
  - 용법 구분 문제 4문항은 형태가 동일한 것만 찾으면 된다.
    기억하라! 형태가 동일하면 용법도 동일하다.

PART 6 오문 정정 (20문항)

틀린 곳이나 부적절한 부분을 지적한다는 것은 잘못된 부분이 왜 잘못되어 있는가를 모르고서는 정확히 틀린 곳을 지적할 수 없으므로 단순한 독해력 테스트가 아닌 표현 능력, 즉 간접적인 작문 능력을 평가할 수 있습니다.

☞ 본능을 믿어라! 모르면 찍어라!

- **뭔가 이상하면 마킹하라!**
  - 문제에서 요구하는 것은 선택지 중에서 이상한 부분을 찾는 것이다. 뭔가 본능적으로 이상하다고 느껴지면 마킹하고 넘어가자. 그 이상은 고민하지 말자. 시간은 계속 간다.

- **모를 경우 그냥 찍어라!**
  - 다음 내용들이 밑줄에 있다면 그냥 찍어라! 「〜ないで/〜なくて」, 「〜おかげで/〜せいで」, 「〜てくる/ 〜ていく」, 「〜ようだ/〜そうだ」, 「〜ば・と・たら・なら가정법」, 「수동형/사역형」!! 이 표현들은 항상 같이 외워야 하는데 대부분 바꿔서 출제된다.

<table>
<tr><td>

PART 7 공란 메우기
(30문항)

</td><td>

불완전한 문장을 문장 속에서 전후 관계를 정확히 파악해 완전한 문장으로 완성시킬 수 있는가를 평가함으로써 표현력과 문법 그리고 간접적인 작문 능력을 평가할 수 있습니다.

</td></tr>
</table>

☞ 해석하지 말고 밑줄 전후만 보자!

• 무조건 해석하는 버릇은 당장 버려라!
- PART 7은 공란을 중심으로 앞의 한 단어, 혹은 뒤의 한 단어만 봐도 대부분 정답이 나오는 문제들이다. 해석은 이제 그만!

• 매 시험 출제되는 내용을 집중 공략하라!
- 매 시험 반드시 출제되는 것이 동사 찾기, 부사 찾기, い형용사 찾기, 한자어 찾기, 관용 표현 찾기, 의태어 찾기이다. 고득점을 위해서는 이 부분을 집중 공략하라!

<table>
<tr><td>

PART 8 독해
(30문항)

</td><td>

표면적인 이해력보다는 일상 생활 속에서 문자를 매체로 정보를 얼마나 빨리 그리고 정확하게 파악할 수 있는가를 평가할 수 있습니다. 또한 독해력의 종합적인 면으로써 그 내용에서 결론을 추론해 낼 수 있는가, 즉 그 글의 지향하는 바가 무엇인가를 파악함으로써 사고력, 판단력, 분석력을 종합적으로 평가할 수 있습니다.

</td></tr>
</table>

☞ 문제를 읽고 분석, 기억한 후에 내용을 읽자!

• 일단 문제부터 분석하라! 그리고 기억하라!
- 독해는 문제를 읽고 그 문제를 기억한 후에 지문을 읽어야 한다. 미리 문제를 읽어 두면 지문을 읽으면서 관련 내용으로부터 바로 정답을 찾을 수 있으므로 꼭 문제를 읽고 기억해 두도록 하자!

• 공포의 3분 전 방송(?)이 나오면 초조해서 문제가 눈에 들어오지 않는다!
- 이 때 무조건 찍지 말고 일단은 공란이나 밑줄 문제 등 전체 지문을 다 읽지 않고도 풀 수 있는 문제가 있는지 읽어 보라!

이 책의 특징

1 파트별 출제 유형을 완벽하게 정리!

모든 시험은 어떤 목적을 가지고 출제되기 때문에, 나름대로의 출제 유형이 있기 마련이다. 따라서 단기간에 고득점을 올리려면 무엇보다도 그 유형을 파악하는 것이 급선무라고 할 수 있다. 이 책은 5회분이라는 모의고사를 통해 어떤 표현이 파트별로 어떻게 출제되는지를 한눈에 알 수 있다. 적을 알고 나를 알면 백전백승이라는 말이 있듯이 일단은 파트별 유형부터 분석해 두기 바란다.

2 현장 강의 + JPT 시험 응시자가 직접 쓴 책!

이 책은 현재 JPT를 현장에서 강의하고 있고 실제 시험에도 응시하는 응시자가 직접 쓴 책이다. 따라서 누구보다도 JPT 시험에 대해 제대로 인지하고 있고 학습자들이 어떤 유형의 문제에 취약한지 완벽하게 분석한 교재라고 할 수 있다. 따라서 학습자들은 이 책의 문제를 통해 본인의 현재 수준은 물론이고 취약 부분까지 한꺼번에 알 수 있을 것이다.

3 실제 시험과 같은 모의고사!

문제는 많이 푸는 것도 중요하지만 실제 시험과 얼마나 동일한 상황에서 푸느냐에 따라 학습 성취도는 많이 달라진다. 이 책의 문제들은 실제 시험의 문제 위치, 파트별 유형 등이 동일하므로 실제 시험을 간접 체험할 수 있도록 구성되어 있다. 따라서 5회분의 모의고사를 통해 실제 시험의 느낌을 느끼면서 학습할 수 있도록 구성된 교재이다.

4 MP3 파일 및 청해 스크립트와 해설 무료 다운로드!

각 문제에 대한 해석 및 어휘, 문법 등이 포함된 해설과 청해 스크립트, 그리고 MP3 파일을 동양북스 홈페이지(http://www.dongyangbooks.com)에서 무료로 다운로드할 수 있다.

5 이해가 안 되면 이해가 될 때까지!

아무리 자세한 설명과 해설이 있다고 해도 이해가 안 되는 부분이 나오기 마련이다. 이런 분들을 위해 저자의 홈페이지(http://cafe.daum.net/aisiau)나 메일(agaru1004@hanmail.net)을 항상 개방해 두었다. 책에 출제된 문제나 문법이 이해가 안 되면 언제든지 글을 남기면 완벽하게 이해가 될 때까지 설명을 받을 수 있다.

JPT 日本語能力試験

JAPANESE PROFICIENCY TEST

실전 모의고사

次の質問1番から質問100番までは聞き取りの問題です。

どの問題も一回しか言いませんから、よく聞いて答えを(A), (B), (C), (D)の中から一つ選びなさい。答えを選んだら、それにあたる答案用紙の記号を黒くぬりつぶしなさい。

Ⅰ．次の写真を見て、その内容に合っている表現を(A)から(D)の中で一つ選びなさい。

(例)

(A) ここは銀行です。
(B) ここは郵便局です。
(C) ここは病院です。
(D) ここは図書館です。

答　(A) (●) (C) (D)

(1)

(2)

次のページに続く

(3)

(4)

(5)

(6)

次のページに続く

(7)

オイシーと
ヘルシーの
バランス。
新発売
新発売
おいしい 新 十六茶。
さらに香ばしく 後味すっきり。
厳選素材のグッドバランス
十六茶
じゅうろくちゃ

(8)

六覚燈
2F
川崎屋

(9)

(10)

次のページに続く

(11)

カステラ
ドラち
焼きたて
ベビー
ベビー

(12)

自転車・バイク等置かないで！
点字ブロックは、目の不自由な方の『道しるべ』です
皆さまのご理解・ご協力お願いします
駐輪場←

18

(13)

(14)

次のページに続く ⟹

(15)

(16)

(17)

(18)

次のページに続く ⟶

(19)

清水寺付近観光案内図
坂本龍馬の墓
護國神社
霊山歴史館
霊山観音
二年坂
産寧坂(三年坂)
清水茶わん坂
高台寺
清水坂
鳥辺山
バスプール
現在地
八坂五重塔
文
西大谷本廟
← 円山公園
N
P
← 八坂神社
← 祇園
東大路通り
三十三間堂 →
塔の見える坂道 清水茶わん坂繁栄会

(20)

新館
New Wing
なら仏像館
Nara Buddhist Sculpture Hall
青銅器館
坂本コレクション
Ritual Bronzes Gallery
地下回廊
入場無料ゾーン
Lower Level Passageway
free of charge
学習コーナー
Study Area
カフェ&レストラン
Cafe & Restaurant
ミュージアムショップ
Museum Shop
奈良国立博物館
名品展
高校生以下無料

Ⅱ. 次の言葉の返事として、もっとも適したものを(A)から(D)の中で一つ選びなさい。

（例）明日は何をしますか。
    （A）公園に行きました。
    （B）金曜日です。
    （C）運動をしました。
    （D）友達の家に遊びに行きます。

(21) 答えを答案用紙に書き入れなさい。   *(36)* 答えを答案用紙に書き入れなさい。

(22) 答えを答案用紙に書き入れなさい。   *(37)* 答えを答案用紙に書き入れなさい。

(23) 答えを答案用紙に書き入れなさい。   *(38)* 答えを答案用紙に書き入れなさい。

(24) 答えを答案用紙に書き入れなさい。   *(39)* 答えを答案用紙に書き入れなさい。

(25) 答えを答案用紙に書き入れなさい。   *(40)* 答えを答案用紙に書き入れなさい。

(26) 答えを答案用紙に書き入れなさい。   *(41)* 答えを答案用紙に書き入れなさい。

(27) 答えを答案用紙に書き入れなさい。   *(42)* 答えを答案用紙に書き入れなさい。

(28) 答えを答案用紙に書き入れなさい。   *(43)* 答えを答案用紙に書き入れなさい。

(29) 答えを答案用紙に書き入れなさい。   *(44)* 答えを答案用紙に書き入れなさい。

(30) 答えを答案用紙に書き入れなさい。   *(45)* 答えを答案用紙に書き入れなさい。

(31) 答えを答案用紙に書き入れなさい。   *(46)* 答えを答案用紙に書き入れなさい。

(32) 答えを答案用紙に書き入れなさい。   *(47)* 答えを答案用紙に書き入れなさい。

(33) 答えを答案用紙に書き入れなさい。   *(48)* 答えを答案用紙に書き入れなさい。

(34) 答えを答案用紙に書き入れなさい。   *(49)* 答えを答案用紙に書き入れなさい。

(35) 答えを答案用紙に書き入れなさい。   *(50)* 答えを答案用紙に書き入れなさい。

次のページに続く ⇒

III. 次の会話をよく聞いて、後の問いにもっとも適したものを(A)から(D)の中で一つ
選びなさい。

(例) 女：昨日、友達の家に行きました。
男：何をしましたか。
女：音楽を聞いたり話したりしました。
男：そうですか。私は昨日家でテレビを見ました。

男の人は昨日何をしましたか。

(A) 音楽を聞いた。
(B) 友達と話した。
(C) 家でテレビを見た。
(D) 勉強をした。

(51) 女の人の会社は普通何時に終わりますか。

(A) 5時
(B) 6時
(C) 7時
(D) 8時

(52) 今日は何曜日ですか。

(A) 火曜日
(B) 水曜日
(C) 木曜日
(D) 金曜日

(53) 女の人は何を習いたいと思っていますか。

(A) ギター
(B) ピアノ
(C) 書道
(D) テニス

(54) 女の人はいくら払いますか。

(A) 100円
(B) 200円
(C) 300円
(D) 400円

(55) 二人はいつ鈴木さんの会社に行きますか。

(A) 今日の午後
(B) 今日の夜
(C) 明日の朝
(D) 明日の午後

(56) 男の人はこれからどうしますか。

(A) 封筒を買いに行く。
(B) 切手を買いに行く。
(C) 封筒と切手を買いに行く。
(D) 書類を送りに郵便局に行く。

(57) 今度の旅行は何人が行きますか。

(A) 8人
(B) 9人
(C) 10人
(D) 11人

(58) 男の人はこれからどうしますか。

(A) 葉書30枚とコーヒーを買ってくる。
(B) 葉書30枚を送ってからコピーをしてくる。
(C) 葉書30枚を送ってからコーヒーを買ってくる。
(D) コピーを30枚してからコーヒーを買ってくる。

(59) 今日の会議は何時にしますか。

(A) 1時
(B) 2時半
(C) 3時
(D) 3時半

(60) 男の人は韓国語をいつから勉強しましたか。

(A) 5年前から始めた。
(B) 2年前から始めた。
(C) 韓国へ行ってから始めた。
(D) 韓国から帰ってから始めた。

(61) 男の人はこれから何をしますか。

(A) 椅子を隣の部屋に移す。
(B) 机と椅子を並べておく。
(C) 椅子を隣の部屋から持ってくる。
(D) 足りない椅子の数を数えておく。

(62) 二人はこれからどうしますか。

(A) 社員食堂に行く。
(B) 公園に行ってから店に行く。
(C) 店で食べ物を買ってから公園に行く。
(D) 持ってきたお弁当を持って社員食堂に行く。

(63) 女の人はこれから何をしますか。

(A) 電話でタクシーを呼ぶ。
(B) 鈴木さんの迎えに行く。
(C) 鈴木さんに電話をする。
(D) 鈴木さんを空港まで見送る。

(64) 二人の会話の内容と合っていないものはどれですか。

(A) 中村さんは明日から大阪で仕事をする。
(B) 女の人は中村さんにあげる花を買った。
(C) 中村さんは今日までこの職場で仕事をする。
(D) 女の人は中村さんの転勤を寂しがっている。

(65) 女の人はどうして男の人に雑誌を捨てないようにと言いましたか。

(A) まだ全然読んでいないから
(B) いい記事がたくさんあるから
(C) 読みかけの雑誌は集めておくから
(D) 全部読んでも雑誌は捨てない習慣があるから

次のページに続く

(66) 女の人は何人家族ですか。

    (A) 3人家族

    (B) 4人家族

    (C) 5人家族

    (D) 6人家族

(67) 二人の会話の内容と合っていないものはどれですか。

    (A) 男の人は社員食堂の料理が好きではない。

    (B) 男の人は毎日自分でお弁当を作っている。

    (C) 女の人はよく自分でお弁当を作っている。

    (D) 女の人はたまにお母さんにお弁当を頼んでいる。

(68) 男の人は今何をしていますか。

    (A) 旅行会社に連絡して、飛行機の日にちを変えてもらおうとしている。

    (B) 旅行会社に連絡して、ホテルの日にちを変えてもらおうとしている。

    (C) 予約しておいた飛行機をキャンセルして、お金を払い戻してもらおうとしている。

    (D) 予約しておいたホテルをキャンセルして、お金を払い戻してもらおうとしている。

(69) 男の人はどうして来週からは働けないのですか。

    (A) 今の仕事が来週で終わるから

    (B) 今の仕事が気に入っているから

    (C) 来週から働いても何のメリットもないから

    (D) 今勤めている会社の人手が足りないから

(70) 女の人はこれからどうしますか。

    (A) バスに乗って帰る。

    (B) 地下鉄に乗って帰る。

    (C) 続けてタクシーを待つ。

    (D) タクシー会社に電話をかける。

(71) 男の人は少なくとも1カ月に本を何冊ぐらい読みますか。

    (A) 1冊ぐらい

    (B) 3冊ぐらい

    (C) 10冊ぐらい

    (D) 12冊ぐらい

(72) 女の人は雨の日はどうやって駅まで行きますか。

    (A) 歩いて行く。

    (B) バスで行く。

    (C) 車で行く。

    (D) 自転車で行く。

(73) 男の人について正しいものはどれですか。

(A) 楽器は何でも駄目だ。

(B) ピアノならいつでも上手に弾ける。

(C) ギターならピアノよりは上手に弾ける。

(D) ギターは苦手だが、ピアノはとても得意だ。

(74) まだ使える電池はどれですか。

(A) 棚の上の箱に入っている電池

(B) 机の上の青い箱に入っている電池

(C) 机の引き出しの中に入っている電池

(D) 机の上の赤い箱に入っている電池

(75) 二人の会話の内容と合っているものはどれですか。

(A) 佐藤さんはちょうど約束の時間に来た。

(B) 佐藤さんは約束の時間を勘違いしていた。

(C) 佐藤さんから約束の時間に少し遅れるという電話があった。

(D) 佐藤さんから約束の時間には絶対に間に合わないという電話があった。

(76) 男の人はこれからどうしますか。

(A) 女の人が注文した物を取りに行く。

(B) 女の人の家に注文した物を届けに行く。

(C) 他の日に改めて女の人の家を訪問する。

(D) 女の人が注文した物を管理人に預けておく。

(77) 女の人はこれからどうしますか。

(A) 男の人の電話を待つ。

(B) 後で男の人に電話をかける。

(C) 後で男の人に会いに行く。

(D) 後で男の人の会社に行く。

(78) 女の人の自転車についての説明の中で、正しいものはどれですか。

(A) ギアがなくて不便だ。

(B) 値段がとても高い。

(C) 収納しやすく作られている。

(D) 大きすぎて置く場所がない。

(79) 女の人が寄るところはどこですか。

(A) 郵便局とパン屋

(B) 郵便局と文房具屋

(C) 文房具屋と図書館

(D) 図書館とパン屋

(80) 男の人はどうして困っていますか。

(A) 自分の誕生日なのに、帰宅が遅くなりそうだから

(B) 妻の誕生日が新年会の日と重なってしまったから

(C) 用事があるのに、新年会に行かなければならないから

(D) 誕生日のパーティーがあって新年会に参加できないから

次のページに続く

IV. 次の文章をよく聞いて、後の問いにもっとも適したものを(A)から(D)の中で一つ
　　選びなさい。

（例）ご来店のお客様にお知らせを申し上げます。千代田区からお越しの鈴木様、
　　　鈴木様、至急1階の案内デスクまでお越しくださいませ。続きまして、お客
　　　様のお呼び出しを申し上げます。大阪からお越しの山田様、山田様、お連れ
　　　様がお待ちですので、2階の婦人服売り場までお越しください。

　　　　(1) ここはどこですか。

　　　　　　(A) デパート

　　　　　　(B) 図書館

　　　　　　(C) 病院

　　　　　　(D) コンビニ

　　　　(2) 山田さんはどうすればいいですか。

　　　　　　(A) 自宅に電話する。

　　　　　　(B) 2階に行く。

　　　　　　(C) 鈴木さんに電話する。

　　　　　　(D) 大阪に行く。

(81) この人はどうして鈴木さんに電話をし
　　 ましたか。
　　 (A) 会うのを止めたいから
　　 (B) 会う日を変えたいから
　　 (C) 会う場所を変えたいから
　　 (D) 会う時間を変えたいから

(82) 二人はいつ会いますか。
　　 (A) 今日午後1時
　　 (B) 明日午後1時
　　 (C) 明後日午後1時
　　 (D) 明後日午後2時

(83) 二人はどこで食事をしますか。
　　 (A) 社員食堂
　　 (B) 駅の近くにあるすし屋
　　 (C) 駅前に新しくできた焼き肉屋
　　 (D) 公園の向かい側にあるレストラン

(84) 二人は何時頃に食事をしますか。
　　 (A) 午後1時頃
　　 (B) 午後2時頃
　　 (C) 午後4時頃
　　 (D) 午後5時頃

(85) 今前田君の家族は何人ですか。

  (A) 4人
  (B) 5人
  (C) 6人
  (D) 7人

(86) この人は前田君の家まで何で行きまし
たか。

  (A) バス
  (B) タクシー
  (C) 電車
  (D) 自転車

(87) 前田君の家についての説明の中で、正
しいものはどれですか。

  (A) 2階建ての新しい家
  (B) 一戸建ての古い家
  (C) 庭がとても広い古い家
  (D) 庭がない新しい家

(88) 庭にある2本の木の間には何があります
か。

  (A) 池
  (B) ベンチ
  (C) ブランコ
  (D) 何もない。

(89) 中村さんは会社まで何で行きますか。

  (A) 徒歩
  (B) 電車
  (C) バス
  (D) 自転車

(90) 中村さんが寝る前、最後にすることは
何ですか。

  (A) お風呂に入ること
  (B) 日記を付けること
  (C) テレビを見ること
  (D) 音楽を聞くこと

(91) 中村さんは土曜日に何をしますか。

  (A) 図書館で英語の勉強をする。
  (B) 掃除をする。
  (C) 何もしないでゆっくり休む。
  (D) 洗濯をする。

次のページに続く

(92) この人は誰と神社に行きましたか。

    (A) お兄さん

    (B) お姉さん

    (C) お母さん

    (D) お祖母さん

(93) この人は神社に行く途中に何を落としましたか。

    (A) 財布

    (B) 人形

    (C) かばん

    (D) おもちゃ

(94) この人が落としたものはどうなりましたか。

    (A) 結局、見つからなかった。

    (B) お母さんが見つけてくれた。

    (C) 誰かが交番に届けてくれた。

    (D) すぐ見つかったが、家に帰る途中また落としてしまった。

(95) セルフサービスのレストランでどんなことがありましたか。

    (A) 昔の友人に偶然出会った。

    (B) 店の人とけんかをしてしまった。

    (C) この人の息子が怪我をしてしまった。

    (D) この人の息子がお皿を割ってしまった。

(96) この人は何に気が付きましたか。

    (A) 息子が怪我したこと

    (B) 自分が料理を食べすぎたこと

    (C) 息子のわがままを叱れなかったこと

    (D) 息子がお皿を運ぼうとした理由

(97) この人は店員たちをどう思いましたか。

    (A) 二人とも心暖まるサービスをしてくれた。

    (B) 二人とも非常に不親切だった。

    (C) 二人とも言葉が少なくてちょっと恐かった。

    (D) 一人は親切だったが、もう一人は不親切だった。

(98) この人が山に登った時、どんなことが
ありましたか。

    (A) 道に迷ってしまった。

    (B) 山を下りる時、転んで怪我をして
しまった。

    (C) かばんの中に入れておいた財布が
なくなっていた。

    (D) 山を下りる途中で、ストックをなく
してしまった。

(99) この人はストックをいつ買いましたか。

    (A) 2日前

    (B) 3日前

    (C) 4日前

    (D) 5日前

(100) この人はどうして驚きましたか。

    (A) 多くの生徒が登山をしていたから

    (B) 木にかけてあったストックがな
くなっていたから

    (C) ストックを落としたと勘違いし
たのに気付いたから

    (D) なくしたストックを生徒たちが
取ってきてくれたから

これで聞き取りの問題は終わります。

それでは、次の質問101番から質問200番までの問題に答えなさい。

答案用紙に書き込む要領は聞き取りの場合と同じです。

Ⅴ. 下の＿＿＿＿＿線の言葉の正しい表現、または同じ意味のはたらきをしている
　言葉を(A)から(D)の中で一つ選びなさい。

(101) 中村さんは歌がとても上手です。
　　　(A) うた
　　　(B) うえ
　　　(C) そと
　　　(D) みち

(102) 公園は銀行の隣にあります。
　　　(A) ほんや
　　　(B) こうばん
　　　(C) こうえん
　　　(D) ぎんこう

(103) 日本語は中学生の時に習いました。
　　　(A) かい
　　　(B) ならい
　　　(C) もらい
　　　(D) おこない

(104) ここは細いペンで書いてください。
　　　(A) ほそい
　　　(B) ながい
　　　(C) つよい
　　　(D) こまかい

(105) この店では主に子供用の服を売って
　　　います。
　　　(A) しゅに
　　　(B) おもに
　　　(C) とくに
　　　(D) さらに

(106) 鈴木さん、今朝の朝刊、読みましたか。
　　　(A) そうかん
　　　(B) ぞうかん
　　　(C) ちょかん
　　　(D) ちょうかん

(107) 面接には派手な服装より地味な服装
　　　がいいだろう。
　　　(A) ちみ
　　　(B) じみ
　　　(C) しみ
　　　(D) かみ

(108) 今度の事故のげんいんは何だったん
　　　ですか。
　　　(A) 源困
　　　(B) 源因
　　　(C) 原因
　　　(D) 原困

(109) 重そうですね。私がもちましょうか。
　　　(A) 着ち
　　　(B) 持ち
　　　(C) 切ち
　　　(D) 待ち

(110) 道で財布をひろったので、交番に届
　　　けました。
　　　(A) 引った
　　　(B) 押った
　　　(C) 拾った
　　　(D) 捨った

(111) 辞書を使ってこの単語の意味を調べてみてください。

 (A) 辞書で
 (B) 辞書に
 (C) 辞書を
 (D) 辞書から

(112) 私はいつも夕食を食べてからすぐお風呂に入ります。

 (A) 夕食を食べる前に
 (B) 夕食を食べた後で
 (C) 夕食を食べないで
 (D) 夕食を食べなくて

(113) 明日はいい天気でしょう。

 (A) くもるでしょう
 (B) はれるでしょう
 (C) くらいでしょう
 (D) あかるいでしょう

(114) 家から会社まで30分かかります。

 (A) 30分で行けます
 (B) 30分後に出発します
 (C) 30分前に着きました
 (D) 30分では行けそうもないです

(115) 今朝、窓を閉めないで出かけてしまった。

 (A) 窓を閉めたまま
 (B) 窓を開けるつもりで
 (C) 窓を開けっぱなしにして
 (D) 窓を閉めたのを確認してから

(116) この記事、山田先生も読まれましたか。

 (A) 読めますか
 (B) 読みにくいですか
 (C) お読みになりましたか
 (D) 読んだことがありますか

(117) 明日、映画を見に行くつもりです。

 (A) 私は毎朝6時に起きます。
 (B) 家の近くに店が多くてとても便利です。
 (C) 彼にメールを送りましたが、まだ返事がありません。
 (D) 彼と親しくなったのは、一緒に旅行に行ったのがきっかけです。

(118) 彼は老人ながらすごい力を持っている。

 (A) 音楽を聞きながら勉強する習慣はよくない。
 (B) ここでは昔ながらの家がたくさん残っている。
 (C) 私はいつもテレビを見ながらご飯を食べている。
 (D) お酒は体に悪いと知っていながら、なかなか止められない。

(119) 成功するためには大変な努力がいると思う。

 (A) 窓際に座っている人は誰なの。
 (B) 今持っている現金があまりない。
 (C) 彼はあまり外出しないから、今日も家にいると思う。
 (D) 今、スーパーに行くんだけど、何かいる物はないの。

(120) 彼ほど歴史に明るい人は見たことがない。

 (A) この部屋は広いし、とても明るい。
 (B) 彼女はこの地域の地理に明るい。
 (C) 今回の選挙の結果は決して明るいとは言えない。
 (D) いいことでもあったのか、朝から明るい顔をしている。

VI. 下の＿＿＿＿＿線の(A)、(B)、(C)、(D)の言葉の中で正しくない言葉を一つ選びな
　　さい。

(121) さっきから手紙を書きているが、誰に送る手紙なの。
　　　 (A)　　　　　　　　(B)　　　　　　(C)　　　(D)

(122) 私は毎朝に地下鉄で会社まで行きます。
　　　　 (A)　　　(B)　　(C)　　(D)

(123) テブルの上にはお菓子や飲み物などがありました。
　　　　 (A)　　(B)　　　　　　(C)　　　(D)

(124) 今日の会議は3階の小会議室で1時で始まります。
　　　　 (A)　　　(B)　　　(C)　(D)

(125) 何がほしい物があったら買ってあげるから、遠慮せずに言ってください。
　　　　 (A)　　　　　(B)　　　(C)　　　　(D)

(126) 彼は一度も外国へ行ったのがないそうだ。
　　　　 (A)　(B)　(C)　　(D)

(127) 家の前にある公園にきれい花が咲いている。
　　　　 (A)　　　　　(B)　(C)　　(D)

(128) 自信はあまりありませんが、今度の試験は私も見てみようと思っています。
　　　 (A)　　　　(B)　　　　　　(C)　　　　(D)

(129) 木村さんは肉と魚とどれが好きですか。
　　　　　 (A)(B)　　(C)(D)

(130) このチョコレートは甘いなくてカロリーも少ないという。
　　　 (A)　　　　(B)　　(C)　　(D)

(131) 時間が<u>あったら</u>、土曜日に映画でも<u>見る</u>に<u>行きませんか</u>。
　　　　　　(A)　　　　　　　　(B)　　　　　　(C)　　　(D)

(132) <u>はじめに</u>食べて<u>みた</u>うめぼしは思った<u>ほど</u>すっぱく<u>は</u>なかった。
　　　　(A)　　　　　　(B)　　　　　　　　　　(C)　　　　　(D)

(133) この<u>話</u>は<u>今</u>じゃなく、<u>あと</u>にゆっくり<u>しましょう</u>。
　　　　　(A)　(B)　　　　　　(C)　　　　　　(D)

(134) まだ時間は<u>十分</u>ありますから、そんなに<u>急いでも</u>間に<u>合います</u>よ。
　　　　　　(A)　　(B)　　　　　　　　　　　(C)　　　　(D)

(135) この本は<u>私の</u>じゃなくて<u>昨日</u>友達から<u>貸した</u>本です。
　　　　　(A)　　(B)　　　　　　(C)　　　　(D)

(136) 飲み物を<u>買って</u>きますから、ここ<u>へ</u><u>待って</u><u>いてください</u>。
　　　　　　　(A)　　　　　　　　(B)　　(C)　　(D)

(137) 文房具屋<u>へ</u>行ってボールペン<u>2枚</u>と消しゴム<u>1個</u>を<u>買ってきました</u>。
　　　　　　(A)　　　　　　　　(B)　　　　(C)　　　(D)

(138) 彼のかばんの中<u>では</u><u>何も</u><u>入って</u>いません<u>でした</u>。
　　　　　　　　　(A)　(B)　(C)　　　　　(D)

(139) <u>困った</u>ことが<u>あったら</u>、時間に関係なくいつも<u>話して</u><u>ください</u>。
　　　　(A)　　　　　(B)　　　　　　　　　　(C)　　(D)

(140) 銀行なら<u>この道</u>を右<u>を</u>曲がって<u>5分</u>ぐらい歩くと、すぐ<u>あります</u>。
　　　　　　(A)　　　　(B)　　　　(C)　　　　　　　　(D)

VII. 下の＿＿＿＿＿線に入る適当な言葉を(A)から(D)の中で一つ選びなさい。

(141) 昨日、彼＿＿＿＿＿お酒を飲みました。

    (A) に

    (B) を

    (C) と

    (D) から

(142) 教室の中には＿＿＿＿＿もいませんでした。

    (A) だれ

    (B) どれ

    (C) どこ

    (D) どちら

(143) このバスはあの駅＿＿＿＿＿止まりません。

    (A) とは

    (B) には

    (C) へは

    (D) かは

(144) そこなら一人＿＿＿＿＿十分に行けます。

    (A) に

    (B) へ

    (C) と

    (D) で

(145) これは全部で＿＿＿＿＿ですか。

    (A) どれ

    (B) なに

    (C) いくら

    (D) どなた

(146) その店は朝なのに、人＿＿＿＿＿いっぱいだった。

    (A) に

    (B) が

    (C) と

    (D) で

(147) 「東京には＿＿＿＿＿＿＿いらっしゃる予定ですか」「たぶん木曜日です」

    (A) なぜ

    (B) いつ

    (C) 何で

    (D) 何時に

(148) 運動会は雨＿＿＿＿＿＿＿中止になりました。

    (A) に

    (B) で

    (C) から

    (D) ため

(149) 今、お金は1000円＿＿＿＿＿＿＿持っていない。

    (A) しか

    (B) だけ

    (C) ごろ

    (D) ばかり

(150) 次の大会は東京＿＿＿＿＿＿＿あります。

    (A) へ

    (B) に

    (C) と

    (D) で

(151) 私は＿＿＿＿＿＿＿の中でりんごが一番好きです。

    (A) おかし

    (B) やさい

    (C) のみもの

    (D) くだもの

(152) すみませんが、あの部屋の大きさは＿＿＿＿＿＿＿ですか。

    (A) どちら

    (B) どんな

    (C) どなた

    (D) どのぐらい

(153) 彼女はギターを＿＿＿＿のがとても上手です。

    (A) とる

    (B) きく

    (C) する

    (D) ひく

(154) 朝から雨が降っていたが、午後＿＿＿＿。

    (A) やんだ

    (B) あめた

    (C) とめた

    (D) あげた

(155) 眼鏡をかけると、本の字が＿＿＿＿見えました。

    (A) ぜひ

    (B) たまに

    (C) はっきり

    (D) ぼんやり

(156) パーティーは6時＿＿＿＿始めましょう。

    (A) ごろ

    (B) まで

    (C) ぐらい

    (D) だいたい

(157) 彼は車を2＿＿＿＿も持っています。

    (A) まい

    (B) さつ

    (C) だい

    (D) ほん

(158) 私も一度ぐらいは田舎で＿＿＿＿してみたいです。

    (A) べんり

    (B) りかい

    (C) かんどう

    (D) せいかつ

(159) 彼女は今デパートで＿＿＿＿＿＿をしています。

    (A) テレビ

    (B) ホテル

    (C) スイッチ

    (D) アルバイト

(160) 彼女は歌が上手＿＿＿＿＿＿、人の前では決して歌おうとしない。

    (A) で

    (B) なので

    (C) だから

    (D) なのに

(161) 昨日はとても疲れました。＿＿＿＿＿＿、勉強できませんでした。

    (A) そして

    (B) しかし

    (C) それで

    (D) あるいは

(162) 遠くてここから彼女の顔はよく＿＿＿＿＿＿。

    (A) みません

    (B) みえません

    (C) みせません

    (D) みされません

(163) 部屋が＿＿＿＿＿＿ね。すぐ掃除しなさい。

    (A) くらい

    (B) からい

    (C) きたない

    (D) あかるい

(164) 今日テストがあって昨夜は夜12時＿＿＿＿＿＿まで勉強しました。

    (A) ぬき

    (B) まち

    (C) すぎ

    (D) とり

(165) 毎日歯を＿＿＿＿＿いるので、虫歯の心配はありません。

    (A) きて

    (B) かぶって

    (C) あらって

    (D) みがいて

(166) 今朝、窓を＿＿＿＿＿まま出かけてしまった。

    (A) あく

    (B) あいた

    (C) あける

    (D) あけた

(167) 私はいつも音楽を＿＿＿＿＿ながら勉強しています。

    (A) きき

    (B) きく

    (C) きいて

    (D) きこう

(168) ＿＿＿＿＿食べ物はあまり好きではありません。

    (A) ちかい

    (B) からい

    (C) とおい

    (D) ふかい

(169) 突然の彼の行動に＿＿＿＿＿してしまった。

    (A) ゆっくり

    (B) びっくり

    (C) さっぱり

    (D) すっかり

(170) その部分は先生に説明して＿＿＿＿＿。

    (A) やりました

    (B) くれました

    (C) いただきました

    (D) くださいました

Ⅷ. 下の文を読んで、後の問いにもっとも適した答えを(A)から(D)の中で一つ選び
　　なさい。

(171~174)

> 　私はベトナムから日本の大学に留学に来た学生です。日本語はベトナムで1年間勉
> 強して来たので、日本に来た時から聞いたり、書いたりするのはある程度大丈夫でし
> たが、それでも漢字を読むのはとても大変でした。今はだいぶ慣れてほとんどの漢字
> を読むことができます。大学では経済を専攻していて、普段から友達と日本とベトナ
> ムの経済について色々話すのですが、それが勉強に①＿＿＿＿＿。卒業まではまだ2年
> も残っていますが、卒業して帰国したら日本と関係のある仕事をしたいと思っていま
> す。

(171) この人についての説明の中で、正しくないものはどれですか。

　　　(A) 大学では経済を専攻している。
　　　(B) ベトナムで日本語の勉強は全然しなかった。
　　　(C) 日本語を聞くことと書くことは別に問題がなかった。
　　　(D) ベトナムから日本の大学に留学に来た学生である。

(172) この人は日本に来て最初何が難しかったと言っていますか。

　　　(A) 漢字の書き方
　　　(B) 漢字の読み方
　　　(C) 発音の聞き取り
　　　(D) 日本人との会話

(173) 本文の内容からみて、①＿＿＿＿＿に入るもっとも適当な表現は何ですか。

　　　(A) 気がしています
　　　(B) 頭に来ています
　　　(C) 腹が立っています
　　　(D) 役に立っています

(174) この人は帰国した後、どんな仕事がしたいと言っていますか。

　　　(A) 日本語を教える仕事
　　　(B) 日本と関係のある仕事
　　　(C) 日本経済関連の仕事
　　　(D) ベトナム経済関連の仕事

(175~178)

　私は毎朝5時に起きて公園でジョギングをしてから出勤の支度をします。昨日は朝起きてみると、外に雪がたくさん積もっていました。このままだと公園でジョギングをするのは危ないと思ったのでジョギングを止めてすぐシャワーを浴びました。シャワーの後、家の近くにあるパン屋に行ってパンを買ってきました。朝ご飯はたまに自分で作って食べる時もありますが、最近はこのパン屋のパンを食べています。食事をした後、ちょっと新聞を読んでから家を出ました。バス停留所は大雪のせいで大勢の人がバスを待っていました。20分を待ってもなかなかバスが来なかったので、タクシーに乗って会社まで行きました。会社に着いてみると、遅刻しなかったのは私だけで、みんな遅れてきました。タクシー料金が2000円もかかってしまいましたが、遅刻しなかったのでよかったと思いました。

(175) この人はどうして昨日ジョギングをしませんでしたか。

    (A) 足が痛かったから

    (B) 朝寝坊をしてしまったから

    (C) 体の調子が悪かったから

    (D) 雪のため危ないと思ったから

(176) 最近、この人は朝ご飯をどうしていますか。

    (A) 母に作ってもらっている。

    (B) 自分で作って食べている。

    (C) 会社近くにある食堂で食べている。

    (D) 家の近くにあるパン屋のパンを食べている。

(177) バス停留所に人が多かったのはどうしてですか。

    (A) 道が込んでいたから

    (B) 大雪が降ったから

    (C) 運行バスが少なくなったから

    (D) ラッシュアワーの時間だったから

(178) この人は何がよかったと思いましたか。

    (A) みんな遅刻しなかったこと

    (B) 自分だけ遅刻しなかったこと

    (C) タクシー料金があまり高くなかったこと

    (D) 朝ご飯を食べて会社に来ることができたこと

(179~182)

平日の帰宅ラッシュ時、駅で友人と待ち合わせをした。電車が来るたびにものすごい数の人が、猛スピードで改札を抜けていった。いつもこの中を歩いているのかと思うと①＿＿＿＿＿した。そんな中、「カツカツ」という音が聞こえてきた。目の不自由な男性が白い杖をつきながら、人の波に向かって歩いていたのだ。「危ない」と思った時には、走ってきた若い男性にぶつかって杖を落としてしまった。近くの女性がしゃがんで杖を渡したが、ぶつかった男性はそのまま行ってしまった。

　目の不自由な男性は、また歩き始めた。今度はハイヒールをはいた女性がすごいスピードで横切り、杖を蹴飛ばした。女性は②＿＿＿＿＿男性を見たが、謝りもせず行ってしまった。私は最初、男性を見つけた時すぐに声をかけなかったことを後悔した。目の不自由な人があの人込みを歩くのは、とても危険だ。だから、優しく声をかけたり、ホームまでの道を案内してあげたり、道を譲ってあげたりするなど、気配りしなければならないと思った。

(179) 本文の内容からみて、①＿＿＿＿＿に入るもっとも適当な言葉は何ですか。

(A) ぞっと
(B) ほっと
(C) ぼうっと
(D) かっと

(180) 本文の内容からみて、②＿＿＿＿＿に入るもっとも適当な言葉は何ですか。

(A) ざっと
(B) ずらっと
(C) ちらっと
(D) たびたび

(181) この人は何を後悔しましたか。

(A) 目の不自由な人をホームまで案内してあげたこと
(B) 目の不自由な人に間違った道を案内してしまったこと
(C) 点字ブロックの上を歩きながら目の不自由な人にぶつかったこと
(D) 最初、目の不自由な人を見つけた時すぐに声をかけなかったこと

(182) この人が目の不自由な人に必要な気配りとして言っていないものはどれですか。

(A) 優しく声をかけること
(B) 駅員を呼んであげること
(C) 道を譲ってあげること
(D) ホームまでの道を案内してあげること

(183~185)

> 　数年前、バンコクにある和食のレストランでタイ人の友人と食事をしていた時のことです。運ばれてきた料理を食べ始めた私に、友人が突然「①＿＿＿＿＿＿」と言ってきたのです。びっくりしている私に、彼はテーブルの上に敷かれたマットにタイ語で書かれていることを読んでくれました。そこには、日本には食事の前に「いただきます」、食事の後には「ごちそうさまでした」とあいさつをする習慣があると書かれていました。さらに「いただきます」には「私の命のためにいろんな物の命をいただきます」、「ごちそうさまでした」には「大事な客をもてなすために、遠くまで出かけて食材を集めてきてくれた人たちへの感謝を表す意味があります」と説明されていました。
> 　日本の良い習慣をタイでも見習おうということで紹介されていたのですが、日本人である私が②そんなことも忘れ、外国人の友人に指摘されてしまったのです。これからは、日本文化の一つである食事のあいさつを忘れないようにしたいです。

(183) 本文の内容からみて、①＿＿＿＿＿＿に入るもっとも適当な文章は何ですか。

 (A) 君はさすが日本人だね

 (B) 君は本当に日本人なのか

 (C) 君はいつもたくさん食べるね

 (D) 君は本当に礼儀正しいね

(184) タイ人の友人が驚いた理由は何ですか。

 (A) マットに日本語が書かれていたから

 (B) 日本での食事の礼儀を守っていたから

 (C) 思ったよりたくさんの料理が運ばれてきたから

 (D) この人が食べる前にあいさつをしなかったから

(185) ②そんなことが指しているものは何ですか。

 (A) 大事な客をもてなすこと

 (B) タイでもあいさつをしてから食事をすること

 (C) 食べる前にきちんとあいさつをしてから食事をすること

 (D) 食事の後、「ごちそうさまでした」を言わなかったこと

(186~188)

> 　最近、皮をむいた果物、①＿＿＿＿「皮なし果物」がとても人気だ。「皮なし果物」は食べる時に皮をむくのに時間がかかるため登場したもので、今や日本ではヒット商品となっている。しかし、海外では事情がちょっと異なるようだ。
>
> 　代表的なのがドイツの果物専門会社が販売した皮なしのバナナである。このバナナはラップで包装されていたのだが、店を訪れた買い物客やネットユーザーから、「なぜ天然の包装である皮があるのにわざわざむいてしまうのか」、「地球環境に優しくない」という批判の声が多数あがったという。最終的に同社は販売を中止し、謝ることになった。日本では好評の「皮なし果物」だが、世界中どこでも好評とは限らないようだ。

(186) 本文の内容からみて、①＿＿＿＿に入るもっとも適当な言葉は何ですか。

    (A) ただし

    (B) もっとも

    (C) ちなみに

    (D) いわゆる

(187) ドイツの果物専門会社が販売したバナナはどうして批判されましたか。

    (A) バナナの味が変わってしまったから

    (B) 皮をむかないでそのまま包装したから

    (C) 皮をむいて値段がかなり高くなったから

    (D) 地球環境に優しくないラップで包装したから

(188)「皮なし果物」の評価についての説明の中で、正しいものはどれですか。

    (A) 日本でも外国でも好評である。

    (B) 日本でも外国でもほとんど人気がない。

    (C) 日本では好評であるが、海外では人気があるというわけではない。

    (D) 海外では好評であるが、日本では人気があるというわけではない。

　　高校に入学してからの3年間は、長いようで短くもあった。入学した頃は、同じ中学から来た人がいなくて、不安な気持ちで高校生活をスタートさせた記憶がある。2年生ではソフトボール部で、チームの問題を克服し全国大会への切符をつかんだことが思い出に残っている。3年生になって、ソフトボールが嫌いになったこともあったが、チームメートの頑張る姿に励まされ、私も頑張った。今では、チームメートたちに感謝の気持ちでいっぱいだ。そして、学校生活を共に送ったクラスメートたちもありがとう。本当に居心地のよいクラスだった。一番悲しいのは寮のルームメートとの別れだ。でも、別れと言っても一時的なもの。チームメートやクラスメート、ルームメートに必ず再会することを約束し、「さようなら」を「①＿＿＿＿＿」に変えていきたい。

(189) この人が不安な気持ちで高校生活を始めた理由は何ですか。

　　(A) 中学では友達が少なかったから

　　(B) 高校での勉強は大変だと思ったから

　　(C) 同じ中学から入学した人が一人もいなかったから

　　(D) 高校でも部活動ができるかどうかわからなかったから

(190) この人は高校2年生の時に何が思い出に残っていると言っていますか。

　　(A) 同じ中学からの転校生に会ったこと

　　(B) ソフトボールの全国大会で優勝したこと

　　(C) ソフトボールの全国大会へ参加したこと

　　(D) いいソフトボールのチームメートに会えたこと

(191) この人は何が一番悲しいと言っていますか。

　　(A) 寮のルームメートと別れること

　　(B) もうソフトボールができないこと

　　(C) 同じ中学からの転校生と別れること

　　(D) ソフトボールのチームメートと別れること

(192) 本文の内容からみて、①＿＿＿＿＿に入るもっとも適当な表現は何ですか。

　　(A) またね

　　(B) お帰り

　　(C) すまない

　　(D) お言葉に甘えて

(193~196)

> 　ヨーロッパ車のCMで、周囲の風景に気を取られて前の車に①＿＿＿＿＿ぶつかりそうになりながらも、ぶつかり防止システムのおかげで命が助かるというものがあります。このCMを見るたびに機械任せで大丈夫といった②＿＿＿＿＿が生まれるのではないかと心配になります。CMの最後に「このシステムだけに頼った運転は行わず、安全運転を心がけてください」という文章が瞬間的に映りますが、字数が多くてほとんど読めません。本当に伝えるべきなのはこの瞬間的に流れる部分であり、「③＿＿＿＿＿」ということではないと思います。国内メーカーでも同様のCMを流している会社がありますが、その告知はやはりほんの一瞬です。「こんな場合は作動しません」という部分をはっきりさせた方が機械への厚い信頼を反省に導き、事故防止に繋がるのではないでしょうか。

(193) 本文の内容からみて、①＿＿＿＿＿に入るもっとも適当な言葉は何ですか。

    (A) 正に
    (B) 今に
    (C) 危うく
    (D) 直ちに

(194) 本文の内容からみて、②＿＿＿＿＿に入るもっとも適当な言葉は何ですか。

    (A) 減少
    (B) 誤解
    (C) 新鮮
    (D) 現象

(195) 本文の内容からみて、③＿＿＿＿＿に入るもっとも適当な文章は何ですか。

    (A) 安全運転を心がけよう
    (B) 運転に集中していなくても大丈夫
    (C) 機械を信じてはいけない
    (D) ぶつかり防止システムを付けよう

(196) この人の主張として正しいものはどれですか。

    (A) 安全運転関連の広告をもっと増やそう。
    (B) 疲れた時は十分に休んでから運転しよう。
    (C) もっと多くの車にぶつかり防止システムを付けよう。
    (D) 機械だけに頼った運転を行わないで安全運転を心がけよう。

(197~200)

　3200。何の数字かわかりますか。実はこれは長男が通っている中学校で、年間に飲み残された牛乳の本数です。1クラス①＿＿＿＿は1、2本ですが、全校で18クラスあるので合わせると、こんなに大量の飲み残しが出るわけです。スパゲティミートソース、野菜のクリーム煮などは残りが出ないほど人気な反面、さばの塩焼きなど昔ながらの料理は食べ残しが目立つそうです。おそらく家庭での食生活の変化が反映された結果でしょうが、非常にもったいないし、残念なことだと思います。

　先日、学校の給食だよりに「②＿＿＿＿」と書かれていました。わずかではありますが、今日からでも実行できる現実的な目標だと思います。アレルギーなどの理由があれば仕方ありませんが、③＿＿＿＿好き嫌いをせずに、一口でもたくさん食べて食べ残しゼロを目指してもらいたいです。

(197) 本文の内容からみて、①＿＿＿＿に入るもっとも適当な言葉は何ですか。

　　(A) ぶりに
　　(B) 当たり
　　(C) ものの
　　(D) とはいえ

(198) この人は昔ながらの料理の食べ残しが目立つ理由を何だと思っていますか。

　　(A) 和風料理に慣れてしまったから
　　(B) 美味しくてもいつも量が多すぎるから
　　(C) 家庭での食生活の変化が反映されたから
　　(D) 食事する前におやつをたくさん食べるから

(199) 本文の内容からみて、②＿＿＿＿に入るもっとも適当な文章は何ですか。

　　(A) 給食時間をきちんと守ろう
　　(B) もう一口食べる努力をしてみよう
　　(C) 食べたくない物は食べ残そう
　　(D) 自分が好きな食べ物について話してみよう

(200) 本文の内容からみて、③＿＿＿＿に入るもっとも適当な言葉は何ですか。

　　(A) なるべく
　　(B) それほど
　　(C) すっかり
　　(D) あらかじめ

JPT 日本語能力試験

JAPANESE PROFICIENCY TEST

실전 모의고사

次の質問1番から質問100番までは聞き取りの問題です。

どの問題も一回しか言いませんから、よく聞いて答えを(A), (B), (C), (D)の中から一つ選びなさい。答えを選んだら、それにあたる答案用紙の記号を黒くぬりつぶしなさい。

Ⅰ．次の写真を見て、その内容に合っている表現を(A)から(D)の中で一つ選びなさい。

（例）

(A) ここは銀行です。

(B) ここは郵便局です。

(C) ここは病院です。

(D) ここは図書館です。

答　(A) (●) (C) (D)

(1)

(2)

次のページに続く ⇒

(3)

(4)

(5)

(6)

次のページに続く

(7)

発車時刻　種別　行先　乗車位置　停車駅
1
先発　急行　奈良　NARA　○1~8
11:49　EXPRESS
次発　区間準急　奈良　NARA　○1~6
11:54　SUB. SEMI-EXP.
日本橋
大和西大
石切で大
日本橋
東花園

(8)

Canon

(9)

(10)

次のページに続く

指　定　券
RESERVED SEAT TICKET
由　布　院 ➡ 博　多
YUFUIN HAKATA
FEB. 6 (17:05発) (19:15着)
CAR. 4 SEAT.11B
CO3

指　定　券
RESERVED SEAT TICKET
布　院 ➡ 博　多
YUFUIN HAKATA
6 (17:05発) (19:15着)
NO MORI 6 CAR. 4 SEAT.11B
CO3

の森」号から
です。
様 円

(11)

諸車進入禁止
Staff Only
これより先、関係車輌以外進入できません。

(12)

(13)

(14)

次のページに続く

(15)

(16)

SOUVENIR SHOP
お土産コーナー
寿
お土産に、か
お土産コーナー
SOUVENIR SHOP
絶品
かにみそ缶
旅のお土産に！ご家族のお土産に！
専門店の味をご家庭で！
お土産

(17)

(18)

次のページに続く

(19)

(20)

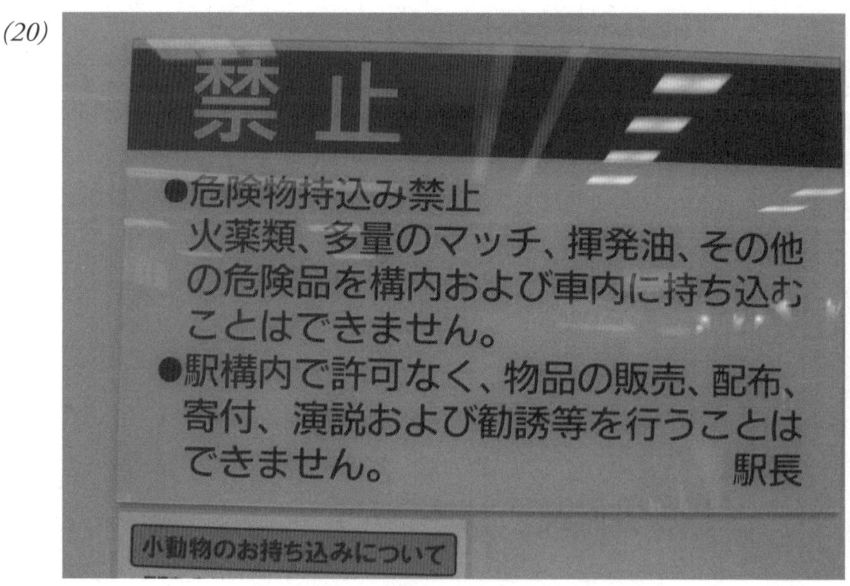
禁止
●危険物持込み禁止
　火薬類、多量のマッチ、揮発油、その他
　の危険品を構内および車内に持ち込む
　ことはできません。
●駅構内で許可なく、物品の販売、配布、
　寄付、演説および勧誘等を行うことは
　できません。　　　　　　　　駅長
小動物のお持ち込みについて

Ⅱ. 次の言葉の返事として、もっとも適したものを(A)から(D)の中で一つ選びなさい。

（例）明日は何をしますか。
　　　（A）公園に行きました。
　　　（B）金曜日です。
　　　（C）運動をしました。
　　　（D）友達の家に遊びに行きます。

(21) 答えを答案用紙に書き入れなさい。　　　*(36)* 答えを答案用紙に書き入れなさい。

(22) 答えを答案用紙に書き入れなさい。　　　*(37)* 答えを答案用紙に書き入れなさい。

(23) 答えを答案用紙に書き入れなさい。　　　*(38)* 答えを答案用紙に書き入れなさい。

(24) 答えを答案用紙に書き入れなさい。　　　*(39)* 答えを答案用紙に書き入れなさい。

(25) 答えを答案用紙に書き入れなさい。　　　*(40)* 答えを答案用紙に書き入れなさい。

(26) 答えを答案用紙に書き入れなさい。　　　*(41)* 答えを答案用紙に書き入れなさい。

(27) 答えを答案用紙に書き入れなさい。　　　*(42)* 答えを答案用紙に書き入れなさい。

(28) 答えを答案用紙に書き入れなさい。　　　*(43)* 答えを答案用紙に書き入れなさい。

(29) 答えを答案用紙に書き入れなさい。　　　*(44)* 答えを答案用紙に書き入れなさい。

(30) 答えを答案用紙に書き入れなさい。　　　*(45)* 答えを答案用紙に書き入れなさい。

(31) 答えを答案用紙に書き入れなさい。　　　*(46)* 答えを答案用紙に書き入れなさい。

(32) 答えを答案用紙に書き入れなさい。　　　*(47)* 答えを答案用紙に書き入れなさい。

(33) 答えを答案用紙に書き入れなさい。　　　*(48)* 答えを答案用紙に書き入れなさい。

(34) 答えを答案用紙に書き入れなさい。　　　*(49)* 答えを答案用紙に書き入れなさい。

(35) 答えを答案用紙に書き入れなさい。　　　*(50)* 答えを答案用紙に書き入れなさい。

次のページに続く

III. 次の会話をよく聞いて、後の問いにもっとも適したものを(A)から(D)の中で一つ
選びなさい。

（例）女：昨日、友達の家に行きました。

男：何をしましたか。

女：音楽を聞いたり話したりしました。

男：そうですか。私は昨日家でテレビを見ました。

男の人は昨日何をしましたか。

(A) 音楽を聞いた。

(B) 友達と話した。

(C) 家でテレビを見た。

(D) 勉強をした。

(51) 女の人は昨日のテストがどうだったと
言っていますか。

(A) 易しかった。

(B) とても易しかった。

(C) あまり難しくなかった。

(D) 難しかった。

(52) 女の人は兄弟の中で何番目ですか。

(A) 1番目

(B) 2番目

(C) 3番目

(D) 4番目

(53) 男の人はこれからどうしますか。

(A) 一人で図書館に行く。

(B) 女の人に本を貸してあげる。

(C) 本を買いに行く。

(D) 女の人と図書館に行く。

(54) 当日のチケットは一枚いくらですか。

(A) 9千円

(B) 1万円

(C) 1万2千円

(D) 1万3千円

(55) 男の人はどうして来ましたか。

(A) 鈴木さんに会いに来た。

(B) 女の人に会いに来た。

(C) 女の人に頼みがあって来た。

(D) 鈴木さんに渡す物があって来た。

(56) 試験はいつからですか。

(A) 11日

(B) 12日

(C) 13日

(D) 14日

(57) 燃えないごみは何曜日に出しますか。

    (A) 月曜日

    (B) 火曜日

    (C) 水曜日

    (D) 木曜日

(58) 女の人の子供についての説明の中で、正しいものはどれですか。

    (A) 勉強ができる。

    (B) 料理が得意だ。

    (C) ゲームにはまっている。

    (D) 宿題はいつも自分でしている。

(59) 二人はこれからどうしますか。

    (A) 歩いていく。

    (B) バスに乗っていく。

    (C) 電車に乗っていく。

    (D) タクシーに乗っていく。

(60) 女の人は習い事をこれからどうするつもりですか。

    (A) 大変だから、もう続けたくない。

    (B) 終わるのが遅くてもう止めたい。

    (C) 効果はあまりないが、とにかく続けたい。

    (D) 通うのは大変だが、これからも続けたい。

(61) 二人は木村さんと何時に会うことになっていましたか。

    (A) 5時40分

    (B) 5時50分

    (C) 6時

    (D) 6時10分

(62) 女の人は夏休みに誰とどこへ行きますか。

    (A) 両親とハワイへ行く。

    (B) 友達とハワイへ行く。

    (C) 一人でハワイへ行く。

    (D) 会社の同僚とハワイへ行く。

(63) 男の人は銀行までどうやって行きますか。

    (A) 二つ目の角を左に曲がってからまっすぐ行く。

    (B) 三つ目の角を左に曲がってからまっすぐ行く。

    (C) この道をまっすぐ行ってから二つ目の角を左に曲がる。

    (D) この道をまっすぐ行ってから三つ目の角を左に曲がる。

(64) 二人の会話の内容と合っているものはどれですか。

    (A) 男の人は卒業祝いに友達から時計をもらった。

    (B) 男の人は就職祝いに彼女からシャツをもらった。

    (C) 女の人は卒業祝いに友達からシャツをもらった。

    (D) 女の人は就職祝いに彼氏から時計をもらった。

次のページに続く ⟹

(65) 二人はこれからどうしますか。

    (A) ビールを先に注文しておく。

    (B) 時間がかかりそうな食べ物を注文
　　　　しておく。

    (C) ビールと時間がかかりそうな食べ
　　　　物を注文しておく。

    (D) みんな来るまで何も注文しない。

(66) 男の人についての説明の中で、正しい
　　　ものはどれですか。

    (A) 仕事関係で山田さんとよく会った。

    (B) 昔、山田さんの会社で働いたこと
　　　　がある。

    (C) この会社で山田さんと一緒に働い
　　　　たことがある。

    (D) 他の会社で山田さんと一緒に働い
　　　　たことがある。

(67) 木村さんからどんな連絡がありましたか。

    (A) 今日会社を訪問するという連絡が
　　　　あった。

    (B) 約束の時間に遅れるという連絡が
　　　　あった。

    (C) 今日の約束はキャンセルするとい
　　　　う連絡があった。

    (D) 今日の約束の時間を変更してほし
　　　　いという連絡があった。

(68) 女の人はこの店に何をしに来ますか。

    (A) 毎朝コーヒーを飲みに来る。

    (B) 毎朝パンを食べに来る。

    (C) 毎朝お弁当を買いに来る。

    (D) 毎朝一日の計画を立てに来る。

(69) 男の人は女の人からいくらぐらい借り
　　　ますか。

    (A) 2万円

    (B) 3万円

    (C) 5万円

    (D) 6万円

(70) 鈴木さんについての説明の中で、正し
　　　いものはどれですか。

    (A) 韓国語は全く話せない。

    (B) 韓国で暮らしたことはない。

    (C) 緊張すると、泣いてしまう。

    (D) 緊張すると、言葉が早くなる。

(71) 男の人は女の人にどんなアドバイスを
　　　してあげましたか。

    (A) 聞く耳を持つ必要がある。

    (B) 自ら積極的に話す必要がある。

    (C) 言動に注意をする必要がある。

    (D) もっと業務に集中する必要がある。

(72) 二人は前のスーパーのどんな点が気に
　　　入っていたのですか。

    (A) エレベーターがあったこと

    (B) トイレがきれいだったこと

    (C) 商品の種類が多かったこと

    (D) 商品の値段が安かったこと

(73) 男の人はこれから何をしますか。

    (A) 部長のところに行く。

    (B) お客さんを迎えに行く。

    (C) 部長のところに謝罪しに行く。

    (D) お客さんに謝罪の電話をする。

(74) 腰の痛みを予防する方法として正しく
　　　ないものはどれですか。

    (A) 膝の下に枕を入れて寝る。

    (B) 太らないように注意する。

    (C) 寝る時はうつ伏せで寝る。

    (D) 正しい姿勢で立ち、正しい姿勢で
　　　　座る。

(75) 本の貸し出しについての説明の中で、
正しいものはどれですか。
(A) 今日に限って借りることができる。
(B) 借りることはできないが、コピー
はできる。
(C) 明日からは借りることができる。
(D) 借りることもコピーすることもで
きない。

(76) 二人はどんな箱にすることにしました
か。
(A) 白い箱に青の字
(B) ピンクの箱に黒の字
(C) ピンクの箱に白の字
(D) 白い箱にピンクの字

(77) 今は何時ですか。
(A) 4時10分
(B) 4時35分
(C) 5時10分
(D) 5時45分

(78) 男の人はどうしますか。
(A) 午後女の人の家に行く。
(B) 明日女の人の家に行く。
(C) 昼前に女の人の家に行く。
(D) 夕方女の人の家に行く。

(79) 二人の会話の内容と合っているものは
どれですか。
(A) 二人は孫たちの訪問を迷惑だと
思っている。
(B) 二人は冬休みに孫たちの家に遊び
に行こうと思っている。
(C) 二人は夫婦だけの静かなお正月を
迎えたいと思っている。
(D) 二人は孫たちが遊びに来るのを首
を長くして待っている。

(80) 男の人が二日に一回やることはどれで
すか。
(A) ゴミを出すこと
(B) 金魚に餌をやること
(C) 屋外の花に水をやること
(D) 室内の花に水をやること

次のページに続く

IV. 次の文章をよく聞いて、後の問いにもっとも適したものを(A)から(D)の中で一つ
選びなさい。

(例) ご来店のお客様にお知らせを申し上げます。千代田区からお越しの鈴木様、
鈴木様、至急1階の案内デスクまでお越しくださいませ。続きまして、お客
様のお呼び出しを申し上げます。大阪からお越しの山田様、山田様、お連れ
様がお待ちですので、2階の婦人服売り場までお越しください。

(1) ここはどこですか。

(A) デパート

(B) 図書館

(C) 病院

(D) コンビニ

(2) 山田さんはどうすればいいですか。

(A) 自宅に電話する。

(B) 2階に行く。

(C) 鈴木さんに電話する。

(D) 大阪に行く。

(81) 5階の食堂についての説明の中で、正
しいものはどれですか。

(A) 広くて色々な食べ物がある。

(B) 狭くて食べ物の数も少ない。

(C) 狭いが、色々な食べ物がある。

(D) 広いが、食べ物の数は少ない。

(82) うどんとラーメンの今の値段はいくら
ですか。

(A) 170円

(B) 200円

(C) 350円

(D) 400円

(83) 5階の食堂で一番人気がある食べ物は
何ですか。

(A) うどん

(B) ラーメン

(C) サンドイッチ

(D) カレーライス

(84) 1階の食堂は来年4月から何をしたいと
言っていますか。

(A) 値上げしたい。

(B) 値下げしたい。

(C) 店を広くしたい。

(D) 食べ物の数を増やしたい。

(85) 鈴木さんが大阪に引っ越す理由は何で
すか。

(A) 12月から新しい仕事が始まるから
(B) お子さんの進学問題があるから
(C) 今の会社が気に入らないから
(D) 都市の生活が嫌になったから

(86) 鈴木さんは大阪に誰と引っ越しますか。

(A) 一人で
(B) 奥さんと一緒に
(C) 家族みんなで
(D) ご両親と一緒に

(87) どうして送別会の食べ物を近くのレス
トランから運んでもらうことにしまし
たか。

(A) 予約ができなかったから
(B) 料理が上手な人がいなかったから
(C) レストランの料理が安かったから
(D) みんなレストランに行きたがらな
かったから

(88) 送別会に出席しない人はどうすればい
いですか。

(A) お金は全く出さなくてもいい。
(B) 食事代だけ出せばいい。
(C) プレゼント代だけ出せばいい。
(D) 食事代とプレゼント代を出さなけ
ればならない。

(89) この人の息子はなかなか寝ない孫を寝
かせるために何をしましたか。

(A) 歌を歌ってあげた。
(B) 温かい牛乳を飲ませた。
(C) もう1冊絵本を読んであげた。
(D) スマホを取り出して遊ばせてあげた。

(90) この人は息子の寝かせ方についてどう
思いましたか。

(A) 賛成できないと思った。
(B) 十分あり得ると思った。
(C) とてもいい方法だと思った。
(D) 最初は反対したが、徐々に納得で
きると思った。

(91) この人がスマホについて述べているこ
とではないのはどれですか。

(A) 目の健康によいとは言えないこと
(B) 心の成長への影響が心配されること
(C) 指の関節にあまりよくないこと
(D) 電磁波の影響も無視できないこと

次のページに続く

(92) この人が話している服はどれですか。

    (A) 母に作ってもらった服

    (B) 学校の入学式にもらった服

    (C) 学校の卒業式にもらった服

    (D) 学生時代、自分で作った服

(93) この人が服を作っていた時、男の子たちは何をしていましたか。

    (A) 服を作っていた。

    (B) 料理の授業をしていた。

    (C) 外で遊んでばかりいた。

    (D) 服を作るのをそばで手伝っていた。

(94) この人はどうして服を捨てられないのですか。

    (A) ほとんど自分で作った服だから

    (B) 母が苦労して作ってくれた服だから

    (C) 全部自分で作り、母に褒められて嬉しかったから

    (D) 全部自分で作り、先生に褒められて嬉しかったから

(95) いなくなった猫についての説明の中で、正しくないものはどれですか。

    (A) 体と頭の色が茶色である。

    (B) 首に大きな赤いリボンをしている。

    (C) 両耳が黒で、手と足は白である。

    (D) 右の目の上に怪我をしている。

(96) 今日は何月何日ですか。

    (A) 9月1日

    (B) 9月3日

    (C) 9月6日

    (D) 9月7日

(97) いなくなった猫を見た人はどうすればいいですか。

    (A) 桜町3丁目の鈴木さんの家に行く。

    (B) 桜町3丁目の鈴木さんに電話をする。

    (C) 桜町4丁目の鈴木さんに写真を送る。

    (D) 桜町4丁目の鈴木さんに電話をする。

(98) この人が祖母の家に行く途中、どんな
ことがありましたか。

(A) 大きな地震があった。

(B) 事故が起きたトンネルの壁を偶然見
かけた。

(C) トンネルで交通事故に遭った。

(D) 高速道路で大きな火事があった。

(99) この人は何が必要だと言っていますか。

(A) 事故防止のための訓練が必要だ。

(B) 事故関連のニュースをよく見るの
が必要だ。

(C) 被災地は実際に訪れてみる必要が
ある。

(D) テレビでたくさんの地震番組を見
る必要がある。

(100) この人はどんな人になりたいと言って
いますか。

(A) いくら辛くても我慢できる人

(B) 何でも諦めないで最後までする人

(C) どんなことが起きても大丈夫な人

(D) 物事を深く考え、行動に移せる人

これで聞き取りの問題は終わります。

それでは、次の質問101番から質問200番までの問題に答えなさい。

答案用紙に書き込む要領は聞き取りの場合と同じです。

Ⅴ. 下の＿＿＿＿＿線の言葉の正しい表現、または同じ意味のはたらきをしている
　　言葉を(A)から(D)の中で一つ選びなさい。

(101) 朝から雪が降っています。

　　　(A) ゆき
　　　(B) あめ
　　　(C) かぜ
　　　(D) そら

(102) 彼の会社は私の家から近いです。

　　　(A) かいしゃ
　　　(B) ばいてん
　　　(C) びょういん
　　　(D) でんしゃ

(103) 明日、仕事がありますから、このへん
　　　で失礼します。

　　　(A) しごと
　　　(B) ようじ
　　　(C) きゅうよう
　　　(D) きゅうか

(104) 全部食べたので、パンは一つも残っ
　　　ていません。

　　　(A) かって
　　　(B) きって
　　　(C) いって
　　　(D) のこって

(105) 今の状態なら、すぐ回復できると思
　　　います。

　　　(A) かいふく
　　　(B) かいほく
　　　(C) がいふく
　　　(D) がいほく

(106) 彼はまだ就職もしないで、遊んでば
　　　かりいる。

　　　(A) じゅしょく
　　　(B) じゅうしょく
　　　(C) しゅしょく
　　　(D) しゅうしょく

(107) 私の母は専業主婦で、大抵家にいます。

　　　(A) たいてい
　　　(B) だいてい
　　　(C) たいたい
　　　(D) だいたい

(108) 彼はかばんからあつい本を取り出した。

　　　(A) 暑い
　　　(B) 篤い
　　　(C) 熱い
　　　(D) 厚い

(109) 1時間前に出発したから、もうすぐつ
　　　くと思う。

　　　(A) 付く
　　　(B) 突く
　　　(C) 着く
　　　(D) 吐く

(110) 道路がこんざつしていて、2時間もか
　　　かってしまった。

　　　(A) 感謝
　　　(B) 混雑
　　　(C) 失礼
　　　(D) 終電

(111) 昨日、母の兄に会いました。

    (A) おじ
    (B) おば
    (C) おい
    (D) めい

(112) 彼なら一昨年会ったことがあります。

    (A) 1年前
    (B) 2年前
    (C) 3年前
    (D) 4年前

(113) 明日、この病院はあいていません。

    (A) あけています
    (B) あけていません
    (C) しまっています
    (D) しまっていません

(114) 彼は来年、日本に留学しようと思っている。

    (A) 留学するつもりだ
    (B) 留学してもいいだろう
    (C) 留学するとはいえない
    (D) 留学したことがある

(115) 今年の夏は去年ほど暑くなかった。

    (A) 去年の夏の方が暑かった。
    (B) 今年の夏の方が暑かった。
    (C) 今年と去年は同じ暑さだった。
    (D) 今年の夏はきっと暑くなるだろう。

(116) 昨日、鈴木先生をたずねました。

    (A) 昨日、鈴木先生に質問しました。
    (B) 昨日、鈴木先生に相談しました。
    (C) 昨日、鈴木先生のところに伺いました。
    (D) 昨日、鈴木先生のところで勉強しました。

(117) 時間がないから、バスよりタクシーで行こう。

    (A) 彼がひどい風邪で学校を休んだ。
    (B) その仕事は一人ではとてもできない。
    (C) 広場は今日も多くの人でにぎわっていた。
    (D) 日本では自転車で通学する学生が多い。

(118) 毎朝、私はこの道を通って学校に行く。

    (A) 高校時代の友人にお土産を贈った。
    (B) 私は毎朝、遅くても7時には家を出ている。
    (C) 先生のお宅はこの橋を渡っていくのが一番近い。
    (D) すまないが、この荷物を2階まで運んでもらえないかな。

(119) 明日の会議には部長も参加するらしい。

    (A) 今度のことは彼らしくなかった。
    (B) 彼は本当に男らしい男である。
    (C) 最近、子供らしい子供が少なくなった。
    (D) 計画をキャンセルしたのは鈴木さんらしい。

(120) これは切符を買うのに使う機械である。

    (A) 大きな公園なのに、人が少なくてちょっと怖い。
    (B) 車を購入するのに必要な書類はこれだけなの。
    (C) 二度とやらないと母と約束したのに、またやってしまった。
    (D) こんなに雨が降っているのに、出かけるなんてとんでもない。

VI. 下の＿＿＿＿＿＿線の(A)、(B)、(C)、(D)の言葉の中で正しくない言葉を一つ選びな
　　さい。

(121) 鈴木と申しますが、どうも よろしく お願い します。
　　　　　(A)　　　　　　　(B)　　(C)　　　　(D)

(122) 教室の中には生徒が一人も ありませんでした。
　　　　(A)(B)　　　　　(C)　　(D)

(123) またたくさん残っていますから、遠慮せずに 食べて ください。
　　　　(A)　　　　　(B)　　　　　　(C)　　(D)

(124) 朝寝坊をしてタクシーで行ったのに、会議に1時間は遅れてしまった。
　　　　　　　(A)　　　(B)　　　　　　　(C)　　(D)

(125) 父は去年勤めている会社を辞めて今はデザインの仕事をしている。
　　　　　　　(A)　　　　　(B)　　　　　　(C)　　　(D)

(126) 仕事に疲れた時には旅行を行ってみるのも一つの方法だと思います。
　　　　　(A)　　　　　(B)　　　　　(C)　(D)

(127) 書き終わった書類は先生に渡ってから帰ってください。
　　　　　(A)　　　　(B)　　(C)　　　(D)

(128) ゆうべはお酒を飲むすぎてすっかりよっぱらってしまいました。
　　　　(A)　　　　(B)　　　(C)　　　　　　(D)

(129) 昨日から 降り続けていた雨がやっと 上がりましたね。
　　　(A)　　(B)　　　　　(C)　　(D)

(130) 私の妹は去年に大学を卒業したが、まだ就職もしないで遊んでいる。
　　　　(A)　　(B)　　(C)　　　　　　　　　(D)

(131) 彼女はきれいと性格もいいから、男の人に人気があります。
　　　　　　(A)　　　　　　(B)　　　　　　　(C)　　　　　　(D)

(132) 木村さんのとなりに知らない人が座っていますが、その人は誰ですか。
　　　　　　　　(A)　　　　(B)　　　　(C)　　　　　(D)

(133) この薬を食べるとすぐなおりますから、心配しないでください。
　　　(A)　　　(B)　　　(C)　　　　　　　(D)

(134) 電車で降りて外に出ると、涼しい風が吹いて気持ちよかった。
　　　　　(A)　　　　　　(B)　　　　　　　(C)　　　(D)

(135) 初めて日本に来た友達に色々のところを案内してあげました。
　　　(A)　　　　　　　　　(B)　　　　　(C)　　　　(D)

(136) すみませんが、ここで東京駅まではどう行けばいいのですか。
　　　　　　　　　(A)　　　(B)　　　　(C)　　(D)

(137) ゆうべは疲れてシャワーも入れないですぐ寝てしまいました。
　　　　　　(A)　　　　　　(B)　　(C)　　　(D)

(138) いつも厳しい表情の先生だが、昨日は私の作文を読んで笑って出した。
　　　　(A)　　　　　　　　　(B)　　　　　(C)　(D)

(139) これは寒いさを防ぐのにとても便利な道具ですから、使ってみてください。
　　　　(A)　　(B)　　　　　　　　(C)　　　(D)

(140) 会議の前は報告書に抜けている部分がないようにいつも気が付けています。
　　　　　(A)　　(B)　　　　　　　　(C)　　　(D)

VII. 下の＿＿＿＿＿＿線に入る適当な言葉を(A)から(D)の中で一つ選びなさい。

(141) 昨日はビールを5本＿＿＿＿＿＿飲みました。

    (A) も

    (B) で

    (C) しか

    (D) から

(142) どこ＿＿＿＿＿＿行きたいところがあったら、言ってください。

    (A) に

    (B) と

    (C) か

    (D) も

(143) その話は鈴木さん＿＿＿＿＿＿聞きました。

    (A) で

    (B) へ

    (C) の

    (D) から

(144) 寒いですから、＿＿＿＿＿＿お茶が飲みたいです。

    (A) ながい

    (B) おそい

    (C) あたたかい

    (D) くろい

(145) 私には5歳下の＿＿＿＿＿＿がいます。

    (A) 兄

    (B) 姉

    (C) 弟

    (D) 父

(146) 娘はまだ保育園＿＿＿＿＿＿通っています。

    (A) に

    (B) で

    (C) が

    (D) を

(147) 「田中さんは外国人の友達がいますか」「いいえ、一人________いません」

    (A) も

    (B) が

    (C) だけ

    (D) ばかり

(148) 天気予報通り、午後は雨に________。

    (A) きました

    (B) ありました

    (C) とりました

    (D) なりました

(149) 彼女はいつも嘘________ついている。

    (A) しか

    (B) ほど

    (C) ごろ

    (D) ばかり

(150) ノートパソコンを買うために、貯金をしている________です。

    (A) もの

    (B) ところ

    (C) ばかり

    (D) ぐらい

(151) 学校まで走ってきたので、息が________なりました。

    (A) ぬるく

    (B) まるく

    (C) くるしく

    (D) あたたかく

(152) 鈴木さんの息子さんは高校生ですか、________中学生ですか。

    (A) そして

    (B) それとも

    (C) ところで

    (D) しかしながら

(153) 私は＿＿＿＿＿＿＿朝6時には家を出ています。

    (A) また

    (B) いつも

    (C) かなり

    (D) せっかく

(154) 朝から雨が降っている＿＿＿＿＿＿＿、風も強い。

    (A) し

    (B) から

    (C) ので

    (D) のに

(155) 市場に行ってりんごとみかんと、＿＿＿＿＿＿＿いちごを買ってきてください。

    (A) さて

    (B) それで

    (C) もしくは

    (D) それから

(156) 私なりに熱心に勉強したから、今度のテストはいい点が＿＿＿＿＿＿＿そうだ。

    (A) とり

    (B) とる

    (C) とれ

    (D) とれる

(157) 私は今ダイエット中なので、＿＿＿＿＿＿＿の少ないものにします。

    (A) コイン

    (B) ローン

    (C) ダメージ

    (D) カロリー

(158) あなたが＿＿＿＿＿＿＿なら、私も行きたいです。

    (A) 行く

    (B) 行き

    (C) 行け

    (D) 行こう

(159) 素敵ですね。失礼ですが、この写真はどこで_________写真ですか。

(A) とる
(B) とって
(C) とった
(D) とりたい

(160) 彼女はギターの練習_________ですので、邪魔しないでください。

(A) 時
(B) 後
(C) 中
(D) 所

(161) 何かを食べる時には「_________」と言います。

(A) ただいま
(B) いただきます
(C) いってきます
(D) おかえりなさい

(162) あそこの腕時計を_________いる人が鈴木さんです。

(A) して
(B) きて
(C) はいて
(D) かぶって

(163) 駅前に多くの自転車が_________ある。

(A) とまって
(B) とめて
(C) しめて
(D) あけて

(164) 先生、昨日のニュースは_________。

(A) なさいましたか
(B) おっしゃいましたか
(C) めしあがりましたか
(D) ごらんになりましたか

(165) あまり面白くなかったので、テレビはすぐ＿＿＿＿＿＿＿しまいました。

    (A) けして

    (B) とじて

    (C) やめて

    (D) はずして

(166) 私は今まで習ったことを＿＿＿＿＿＿＿仕事がしたいです。

    (A) 生きる

    (B) 生きた

    (C) 生かせる

    (D) 生きられる

(167) 激しい雨が降っているので、外出するのは止める＿＿＿＿＿＿＿にしました。

    (A) もの

    (B) はず

    (C) こと

    (D) わけ

(168) わからないところは先生に＿＿＿＿＿＿＿どうですか。

    (A) 聞くと

    (B) 聞いて

    (C) 聞くなら

    (D) 聞いたら

(169) 大学に合格した彼に＿＿＿＿＿＿＿をしてあげるつもりです。

    (A) あいさつ

    (B) おねがい

    (C) おみまい

    (D) おいわい

(170) 熱もあるし鼻水も出るし、どうも風邪を引いてしまった＿＿＿＿＿＿＿。

    (A) そうだ

    (B) ようだ

    (C) という

    (D) らしい

VIII. 下の文を読んで、後の問いにもっとも適した答えを(A)から(D)の中で一つ選び
　　なさい。

(171~173)

　　鈴木さんは家の近くにピアノ教室があるのに、①＿＿＿＿＿家から遠い教室に通って
います。そのピアノ教室の先生は若くてとてもきれいな方です。鈴木さんはピアノが
あまり上手ではありませんが、きれいな先生に習うので、②毎日とても楽しいそうで
す。　来週の火曜日は先生の誕生日です。鈴木さんは先生と一緒に映画を見に行こう
と思っていましたが、その日先生は友達とパーティーに行くそうです。その話を聞い
て鈴木さんはとても残念そうでした。

---

(171) 本文の内容からみて、①＿＿＿＿＿に入るもっとも適当な言葉は何ですか。

　　(A) かなり
　　(B) さすが
　　(C) いきなり
　　(D) わざわざ

(172) ②毎日とても楽しいそうですの理由として正しいものはどれですか。

　　(A) きれいな先生に習うから
　　(B) ピアノが上手になったから
　　(C) ピアノを買うことができたから
　　(D) 毎日家でピアノが弾けるから

(173) 鈴木さんは何が残念でしたか。

　　(A) 一人で映画に見に行くこと
　　(B) なかなかピアノが上手にならないこと
　　(C) ピアノ教室の先生と一緒に映画に行けないこと
　　(D) ピアノ教室の先生のパーティーに参加できないこと

(174~177)

　私の家は静かな住宅街に位置しています。家の隣には木が多くてきれいな公園があります。公園の近くには美味しい喫茶店やレストランなどがたくさんあって家族と一緒によく食べに行きます。公園の向こうには大きい図書館があってそこで勉強をしたり、本を借りて公園で読んだりします。図書館のすぐ近くには郵便局があってとても便利です。でも、銀行は家から1時間ぐらい離れていてちょっと不便です。昨日も図書館から本を借りて読もうとしましたが、公園に空いているベンチがなくて本を読むことができませんでした。それで、①＿＿＿＿＿家に帰って本を読みました。明日は朝早く起きてお金を引き出しに行くつもりです。

(174) この人の家からもっとも離れているものは何ですか。

　　(A) 銀行

　　(B) 喫茶店

　　(C) 郵便局

　　(D) 図書館

(175) 本文の内容からみて、①＿＿＿＿＿に入るもっとも適当な言葉は何ですか。

　　(A) やっと

　　(B) いきなり

　　(C) 残念ながら

　　(D) 仕方なく

(176) 昨日、この人はどこで本を読みましたか。

　　(A) 自分の家

　　(B) 家の近くにある喫茶店

　　(C) 家の近くにある公園

　　(D) 家の近くにある図書館

(177) 明日、この人はどこに行きますか。

　　(A) 公園

　　(B) 銀行

　　(C) 図書館

　　(D) レストラン

(178~180)

> 　足が悪く、杖が必要な70代の母とコンサートや買い物などに出かける時、私はいかに母が大変な思いをせずに目的地まで行けるか一生懸命考えます。電車やバスの乗り換えをできるだけ減らすことはもちろん、駅でエスカレーターやエレベーターが使えるかも重要なチェックポイントです。また、足が悪い母が他の人の邪魔にならないように気を使うことも忘れません。ところが、いつも困るのが駅のエスカレーターです。エスカレーターはあるのに、途中までしかなくて、そこから上は階段しかないことがよくあります。母は階段の手すりを握って一歩ずつとてもゆっくり上がるのですが、その姿を見ながら私はいつも、鉄道会社はなぜこんなふうにエスカレーターを付けるのだろうかと疑問に感じるのです。
> 　他にもエレベーターがホームの端にあって遠い、エレベーターの表示がないなどの問題がよく言われますが、体の不自由な人たちは私たちの想像以上に苦労をしています。様々なところでバリアフリー化は進んできてはいますが、まだまだ十分ではありません。鉄道会社は体の不自由な人の立場で考え、改善に①＿＿＿＿ほしいと思います。

(178) この人が自分の母と出かける時に気を使っていることではないものはどれですか。

(A) コンサートの前売り券を買っておく。
(B) 電車やバスの乗り換えをできるだけ減らす。
(C) 母が他の人の邪魔にならないようにいつも気を使う。
(D) 駅でエスカレーターやエレベーターが使えるかチェックする。

(179) この人はどうして駅のエスカレーターで困りますか。

(A) 下りエスカレーターしか設置されていないから
(B) 途中までしかエスカレーターがないところがあるから
(C) エスカレーターが設置されているところが多すぎるから
(D) エスカレーターが全く設置されていないところが多いから

(180) 本文の内容からみて、①＿＿＿＿に入るもっとも適当な言葉は何ですか。

(A) 取り組んで
(B) 取り入れて
(C) 取り次いで
(D) 取り扱って

(181~184)

最近、電車やデパートなどで子供の相手をあまりしていない親をよく見かける。子供が話しかけても無視して携帯電話を見ている親もいて驚く。①________、子供にたくさん話しかけている親も少なくないが、幼い子供たちがこの時期に親から受ける影響は大きいと思う。私は授業で「施設症」という言葉を初めて知った。親の事情で、長い間施設で育った子供は食べ物を十分に与え、服も着せて暖かくしてあげても、愛情や思いやりを注がないと、身体の成長や精神的な発達が遅れてしまうことがあるという。このような状況が施設だけでなく、家庭でも起きてしまうのではないだろうか。

この施設症のような問題があることを若い親たちに広く伝え、子供②________親の愛情がどんなに大切か、きちんと理解させる必要があると思う。親の愛情をたくさん感じて成長していける子供が一人でも増えることを願う。

(181) 本文の内容からみて、①________ に入るもっとも適当な言葉は何ですか。

(A) 逆に

(B) または

(C) ようするに

(D) そのためか

(182) この人は施設症にならないためには何が必要だと言っていますか。

(A) 十分な愛情や思いやりがあるケア

(B) 事情や影響がたくさんあるケア

(C) 十分な食べ物や服などのサポート

(D) 身体の成長や精神的な発達のサポート

(183) 本文の内容からみて、②________ に入るもっとも適当な表現は何ですか。

(A) として

(B) にとって

(C) にともなって

(D) にくわえて

(184) この人の主張として正しいものはどれですか。

(A) 親の愛情の大切さをきちんと理解してほしい。

(B) 施設の役割をもう一度見直してほしい。

(C) 何でもいいから子供にたくさん話しかけてほしい。

(D) 施設症のために政府がもっと力を入れてほしい。

(185~188)

　私は教育学部の1年生です。先日、高校1年の妹に宿題を教えていた時、①<u>自分がゆとり世代だと実感しました</u>。なぜなら妹が私が高校の時に習わなかったことを学んでいたからです。高校1年の問題だから教えられると思っていたのに、驚きました。ここ数年ゆとり教育は見直されましたが、②＿＿＿＿＿＿ゆとり教育が目指した目標は実現できたのでしょうか。「これだからゆとりは……」とゆとり教育の失敗面がよく取り上げられますが、私たちはゆとり教育を希望したのではありません。しかも、成功面の話もあまり聞いたことがありません。ただ小学校の時から高校までゆとり教育が当たり前の環境で育っただけなのです。教育の環境は生徒に非常に大きな影響を与えるものです。これからの社会にはゆとり教育の失敗面だけでなく、成功面を生かした環境を作ってほしいです。

(185) ①<u>自分がゆとり世代だと実感しました</u>の理由として正しいものはどれですか。

    (A) 妹の宿題が自分にはとても簡単だったから

    (B) 妹も自分と同じことを学んでいたから

    (C) 高校の時に習わなかったことを妹が学んでいたから

    (D) 妹の宿題が自分が学んだ時より難しかったから

(186) 本文の内容からみて、②＿＿＿＿＿＿に入るもっとも適当な言葉は何ですか。

    (A) いつも

    (B) はたして

    (C) かろうじて

    (D) あらかじめ

(187) この人はゆとり教育が目指した目標についてどう思っていますか。

    (A) 十分に実現できたと思っている。

    (B) 実現できたとは言えないと思っている。

    (C) ゆとり教育を受けたことがないからわからないと思っている。

    (D) 成果はもう十分だからもっと拡大してほしいと思っている。

(188) この人の主張として正しいものはどれですか。

    (A) ゆとり教育をもっと拡大してほしい。

    (B) ゆとり教育の失敗面も教えてほしい。

    (C) ゆとり教育は何の意味もなかったからすぐ止めてほしい。

    (D) ゆとり教育の成功面を生かした環境を作ってほしい。

(189~192)

> 　現在、日本の女子高生をはじめとする女子の制服はほぼスカートである。①<u>私は冬</u>
> <u>になるとスカートの必要性に疑問を持ってしまう</u>。まず、スカートは寒さを防ぐとい
> う点では全く役に立たない。体を冷やして具合を悪くする人も中にはいるはずだ。ま
> た、私服ではズボンをはくことがよくあるのに、制服にズボンがないのは②＿＿＿＿。
> おしゃれの一つとして着ている人も多くなっているからこそ、ズボンの制服も登場さ
> せるべきだ。実際、女子のズボンの制服を取り入れている学校もある。「女子の制服は
> スカート」と考える人も多いとは思うが、もうその考え方自体が古いと思う。昔より
> 自由な考え方が広がってきている今という時代は、新鮮なことが受け入れられる時代
> だ。その流れから女子なら誰でも一度は着ることになる制服にも自由な考えを持って
> みてはどうだろうか。

(189) ①<u>私は冬になるとスカートの必要性に疑問を持ってしまう</u>の理由として正しいもの
はどれですか。

(A) 冬はスカートが有用なのにみんなあまりはかないから

(B) 座る時にスカートはちょっと不便だから

(C) スカートは寒さを防ぐという点では全く意味がないから

(D) スカートは健康にはいいが、寒さを防げないから

(190) 本文の内容からみて、②＿＿＿＿に入るもっとも適当な表現は何ですか。

(A) 賛成できない

(B) 当たり前である

(C) 何の問題もない

(D) 何とも言えない

(191) この人の主張として正しいものはどれですか。

(A) 制服のデザインをもっと増やしてほしい。

(B) 制服にも自由な考えを持ってみてほしい。

(C) 制服をスカートからズボンに変えないでほしい。

(D) 制服の形をある程度統一して学生であることを強調してほしい。

(192) 本文の内容と合っていないものはどれですか。

(A) 今の日本の女子の制服はほとんどがスカートである。

(B) スカートの制服では体を冷やして体調を崩す場合もあり得る。

(C) 日本では女子のズボンの制服を取り入れている学校もある。

(D) 日本の女子中学生や高校生は私服でもズボンはあまりはかない。

(193~196)

> 「①最近の若者は内向きだ」と新聞やテレビなどでよく耳にします。留学などで海外に出ていく学生が減ったためです。しかし、私の周りには、高校で留学した人や、海外の大学に進学したいと思っている人がたくさんいます。私も留学したいと思ったことはありました。でも壁となったのは、お金や留学した後の問題です。「高校で留学しようにも、高2から1年行ったら②＿＿＿＿＿」「海外の大学に進学したら、日本での就職は難しくなるかもしれない」など不安なことばかりです。同じ思いの学生は多いと思います。親の収入も昔とは違って不安定な家庭が多いと思います。留学支援を行う団体はかなり増えましたが、問題自体は解決されていません。学生が海外に興味を抱いても、それを実現できないような現状では、海外に出る学生は増えないと思います。若者を内向きだと決め付ける前に、まず制度を整えてほしいです。

(193) ①最近の若者は内向きだと言われている理由として正しいものはどれですか。

    (A) 週末によく出かける学生が多いから

    (B) 一人で何かをやっている学生が増えたから

    (C) 留学などで海外に出ていく学生が減ったから

    (D) 自分だけの趣味に没頭している学生が多いから

(194) この人は何を留学の壁だと感じましたか。

    (A) お金と言語

    (B) お金と留学後の問題

    (C) 言語と留学後の問題

    (D) 言語と風習

(195) 本文の内容からみて、②＿＿＿＿＿に入るもっとも適当な文章は何ですか。

    (A) 大学入試は諦めるべきだ

    (B) 大学入試は楽になるだろう

    (C) 大学入試には十分に間に合う

    (D) 大学入試に間に合わないかもしれない

(196) この人の主張として正しいものはどれですか。

    (A) 留学支援を行う団体をもっと増やしてほしい。

    (B) 大学を出た後の就職難を何とか解決してほしい。

    (C) 学生は留学などを考える前にしっかり勉強してほしい。

    (D) 若者を内向きだと決め付ける前にまず制度を整えてほしい。

(197~200)

　私は毎朝満員電車に乗って通学している。もう3年以上も同じ電車で通っているが、①電車の中で緊張しなかったことは一度もない。いつか自分が痴漢と疑われるかもしれないという不安や恐怖があるからである。つい最近もそんな恐怖を味わった。私が電車に乗り込んだ後、後ろから客に押され、左手の甲が前に立っていた若い女性の腰あたりに当たったまま、全く身動きが取れなくなってしまったのだ。痴漢と誤解されてもおかしくない状況だった。②＿＿＿＿、その時は特に問題が起こらなかったが、次に③似たような状況になった時にはどうなるかわからないと思った。意識的に触ったのか、偶然触れたのか、女性だけが判断するなら、男性は常に不利になるだろう。女性を痴漢から守らなければならないのは当然のことだが、男性にとっても満員電車は恐怖であることをわかってほしい。

(197) ①電車の中で緊張しなかったことは一度もないの理由として正しいものはどれですか。

    (A) 電車の中がいつも込んでいるから

    (B) いつも女性より男性のお客が多いから

    (C) 痴漢行為をする男性を何度も見かけたから

    (D) 自分が痴漢と疑われるかもしれないという不安や恐怖があるから

(198) 本文の内容からみて、②＿＿＿＿に入るもっとも適当な表現は何ですか。

    (A) 残念ながら

    (B) よりによって

    (C) 幸いなことに

    (D) いざという時

(199) ③似たような状況が指しているものは何ですか。

    (A) 毎朝満員電車に乗る状況

    (B) 電車の中で身動きがよく取れる状況

    (C) 何もやっていないのに痴漢に誤解された状況

    (D) 意図しなかったのに女性の身体に触った状況

(200) この人の考えと合っているものはどれですか。

    (A) 満員電車は男性にも恐ろしい空間である。

    (B) 最近、満員電車は男女共に気楽な空間になっている。

    (C) 理由がどうであれ、誤解される行動をした男性が悪い。

    (D) 痴漢の判断を女性だけがするなら、男性は有利になる。

JPT 日本語能力試験

JAPANESE PROFICIENCY TEST

실전 모의고사

次の質問1番から質問100番までは聞き取りの問題です。

どの問題も一回しか言いませんから、よく聞いて答えを(A), (B), (C), (D)の中から一つ選びなさい。答えを選んだら、それにあたる答案用紙の記号を黒くぬりつぶしなさい。

Ⅰ. 次の写真を見て、その内容に合っている表現を(A)から(D)の中で一つ選びなさい。

(例)

(A) ここは銀行です。

(B) ここは郵便局です。

(C) ここは病院です。

(D) ここは図書館です。

答　(A) (●) (C) (D)

(1)

(2)

次のページに続く

(3)

(4)

(5)

(6)

テレビ&
ラジオ
番組ガイド
12/16～
12/22
250円
NHK
週刊NHK
アナウンサー
NHK
テレビ&
ラジオ
番組ガイド
〈チェオ
の城〉
11/25～
12/1
290円
商品見本です
お求めはこの先の
NHK
NHK
テレビ&
ラジオ
番組ガイド
11/11～
11/17
260円
見本
〈チャングムの
決まる！
の運命が
チャングム
イ・ヨンエ
特製ポスター

次のページに続く

(7)

(8)

(9)

(10)

次のページに続く ⟹

(11)

サンプレイン長堀
B&C Hotel
サンプレイン長堀
東心斎橋1-10-3 クリスタ長堀 (南3出口前)
TEL.06-6243-0777
URL http://3pre.com/
シングル 4,
カプセル 3,3
カプセル仮眠
（展望風呂付）
4時間　1,250
その他のごみ
ビン・カン・ペットボトル
新聞・雑誌

(12)

(13)

(14)

次のページに続く

(15)

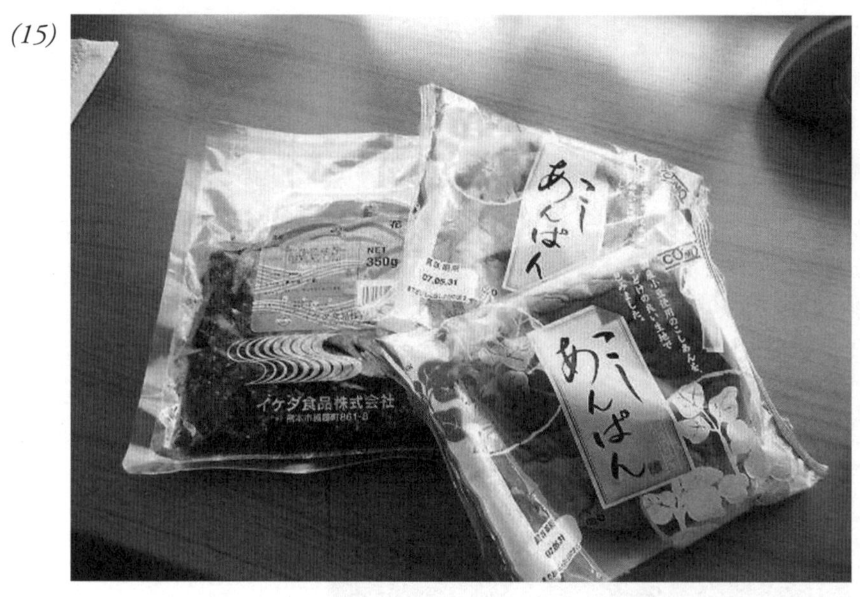

(16)

(17)

(18)

次のページに続く ⟶

II. 次の言葉の返事として、もっとも適したものを(A)から(D)の中で一つ選びなさい。

(例) 明日は何をしますか。

(A) 公園に行きました。
(B) 金曜日です。
(C) 運動をしました。
(D) 友達の家に遊びに行きます。

(21) 答えを答案用紙に書き入れなさい。

(22) 答えを答案用紙に書き入れなさい。

(23) 答えを答案用紙に書き入れなさい。

(24) 答えを答案用紙に書き入れなさい。

(25) 答えを答案用紙に書き入れなさい。

(26) 答えを答案用紙に書き入れなさい。

(27) 答えを答案用紙に書き入れなさい。

(28) 答えを答案用紙に書き入れなさい。

(29) 答えを答案用紙に書き入れなさい。

(30) 答えを答案用紙に書き入れなさい。

(31) 答えを答案用紙に書き入れなさい。

(32) 答えを答案用紙に書き入れなさい。

(33) 答えを答案用紙に書き入れなさい。

(34) 答えを答案用紙に書き入れなさい。

(35) 答えを答案用紙に書き入れなさい。

(36) 答えを答案用紙に書き入れなさい。

(37) 答えを答案用紙に書き入れなさい。

(38) 答えを答案用紙に書き入れなさい。

(39) 答えを答案用紙に書き入れなさい。

(40) 答えを答案用紙に書き入れなさい。

(41) 答えを答案用紙に書き入れなさい。

(42) 答えを答案用紙に書き入れなさい。

(43) 答えを答案用紙に書き入れなさい。

(44) 答えを答案用紙に書き入れなさい。

(45) 答えを答案用紙に書き入れなさい。

(46) 答えを答案用紙に書き入れなさい。

(47) 答えを答案用紙に書き入れなさい。

(48) 答えを答案用紙に書き入れなさい。

(49) 答えを答案用紙に書き入れなさい。

(50) 答えを答案用紙に書き入れなさい。

次のページに続く ⟹

III. 次の会話をよく聞いて、後の問いにもっとも適したものを(A)から(D)の中で一つ
選びなさい。

（例）女：昨日、友達の家に行きました。

男：何をしましたか。

女：音楽を聞いたり話したりしました。

男：そうですか。私は昨日家でテレビを見ました。

男の人は昨日何をしましたか。

(A) 音楽を聞いた。

(B) 友達と話した。

(C) 家でテレビを見た。

(D) 勉強をした。

(51) 女の人はいくら払いますか。

   (A) 1000円
   (B) 1200円
   (C) 1400円
   (D) 1600円

(52) 女の人は週末に何をしましたか。

   (A) 温泉旅行に行った。
   (B) 会社で仕事をした。
   (C) 釣りに行った。
   (D) 家でごろごろした。

(53) 男の人が働く時間は何時間ですか。

   (A) 6時間
   (B) 7時間
   (C) 8時間
   (D) 9時間

(54) 男の人はビデオをどうしますか。

   (A) 鈴木さんに貸してあげる。
   (B) 中村さんが見た後、借りて見る。
   (C) 女の人が見た後、借りて見る。
   (D) 面白そうではないから、見ない。

(55) 銀行はどこにありますか。

   (A) 白いビルの前
   (B) 白いビルの後ろ
   (C) 青いビルの前
   (D) 青いビルの後ろ

(56) 明日の天気はどうですか。

   (A) 晴れ
   (B) 曇り
   (C) 雨
   (D) 曇りのち雨

(57) 鈴木さんの電話番号は何番ですか。

 (A) 620-6212
 (B) 620-6221
 (C) 626-0212
 (D) 626-0221

(58) 男の人が朝起きて最初にすることは何ですか。

 (A) シャワーをすること
 (B) 公園を散歩すること
 (C) 朝ご飯を食べること
 (D) コーヒーを飲むこと

(59) これから男の人はどうしますか。

 (A) クーラーの温度を上げる。
 (B) クーラーの温度を下げる。
 (C) 窓を開ける。
 (D) 窓を閉める。

(60) 女の人はコピーを何枚取りますか。

 (A) 15枚
 (B) 30枚
 (C) 45枚
 (D) 60枚

(61) 二人はいつ、どこで会いますか。

 (A) 今週の木曜日、男の人の会社で
 (B) 今週の木曜日、女の人の会社で
 (C) 来週の木曜日、男の人の会社で
 (D) 来週の木曜日、女の人の会社で

(62) 昨日、男の人は何をしましたか。

 (A) 遅くまで仕事をした。
 (B) お酒を飲み歩いた。
 (C) 会社に泊まった。
 (D) 急に具合が悪くなって早退した。

(63) 現在、二人の売り上げ目標はどうですか。

 (A) 二人とも達成できた。
 (B) 二人とも達成できていない。
 (C) 男の人だけ達成できた。
 (D) 女の人だけ達成できた。

(64) 道子さんの友達は全部で何人来ますか。

 (A) 一人
 (B) 三人
 (C) 四人
 (D) 五人

(65) 男の人はどうしましたか。

 (A) 突然やってきた。
 (B) 加藤部長の紹介でやってきた。
 (C) 加藤部長と1時に会う約束になっている。
 (D) 加藤部長を1時からずっと待っている。

(66) 二人の会社の経営はどうですか。

 (A) どちらもうまくいっていない。
 (B) どちらもうまくいっている。
 (C) 男の人の会社だけうまくいっている。
 (D) 女の人の会社だけうまくいっている。

次のページに続く

(67) 男の人はどうして怒っていますか。

    (A) 社内に連絡ミスがあったので
    (B) 女の人が真面目に仕事をやっていないので
    (C) 頼んだサンプルがまだ届いていないので
    (D) 女の人が契約通りに仕事をしていないので

(68) 田中部長は今どこにいますか。

    (A) 休日なので、家でごろごろしている。
    (B) 出かけているが、もうすぐ家に戻ってくる。
    (C) 今家にいるが、もうすぐ出かける予定である。
    (D) 出張に行ったので、今日は家に戻ってこない。

(69) 女の人はこれから何をしますか。

    (A) 2時から4時の間に電話をする。
    (B) 2時から4時まで勤務する。
    (C) 2時から4時まで連絡を待つ。
    (D) 約束時間の変更を依頼する。

(70) 男の人はパソコンについて何だと言っていますか。

    (A) とても役に立っている。
    (B) 買った意味がない。
    (C) 壊してしまって残念だ。
    (D) 他の人にあげようと思っている。

(71) 二人は何について話していますか。

    (A) 人
    (B) 野菜
    (C) 杭
    (D) 果物

(72) 女の人が間違ったのは何ですか。

    (A) 商品の数
    (B) 商品の価格
    (C) 商品の種類
    (D) 商品の大きさ

(73) 男の人は何が心配ですか。

    (A) 山田さんと友達であること
    (B) 山田さんの会社に投資したこと
    (C) 山田さんにお金を貸してあげたこと
    (D) 山田さんの保証人になっていること

(74) 契約の障害になっているものはどれですか。

    (A) 価格が合わないこと
    (B) お互いの意見が一致しないこと
    (C) 契約を担当する人がいないこと
    (D) 契約を結ぶまでの時間が足りないこと

(75) 10代の女性が望んでいる機能は何ですか。

    (A) 携帯でラジオが聞ける機能
    (B) 携帯でテレビが見られる機能
    (C) 携帯で撮った動画が送れる機能
    (D) 携帯で可愛らしい文字が送れる機能

(76) 女の人の考えとして正しいものはどれ
ですか。

(A) 好みは年齢と密接な関係がある。
(B) 年齢だけで好みはわからないものだ。
(C) 好みは年齢によって決められるも
のだ。
(D) 好みには年齢も無視できない要素
である。

(77) 男の人は昨日どうしましたか。

(A) 足をくじいてしまった。
(B) 足がしびれてしまった。
(C) 足の骨が折れてしまった。
(D) 足にかすり傷を負ってしまった。

(78) 前田さんについての説明の中で、正し
くないものはどれですか。

(A) フランスで留学している。
(B) 去年の10月に会社を辞めた。
(C) フランスでの生活にずいぶん慣れた。
(D) 今年の年末までフランスで留学す
るつもりだ。

(79) 二人は何について話し合っていますか。

(A) 学生たちの礼儀教育について
(B) 電車の中のマナーの悪さについて
(C) 食事をする時のマナーについて
(D) 駅構内の不便なところについて

(80) 女の人の考えとして正しいものはどれ
ですか。

(A) 男の案は爽やかで大分気に入った。
(B) 男の案は全く主婦向けではないと
思っている。
(C) 爽やかさにぴったり合う人を一刻
も早く探すべきだ。
(D) 爽やかさとはかけ離れた人を出す
のも悪くないと思っている。

次のページに続く

IV. 次の文章をよく聞いて、後の問いにもっとも適したものを(A)から(D)の中で一つ
選びなさい。

（例）ご来店のお客様にお知らせを申し上げます。千代田区からお越しの鈴木様、
鈴木様、至急1階の案内デスクまでお越しくださいませ。続きまして、お客
様のお呼び出しを申し上げます。大阪からお越しの山田様、山田様、お連れ
様がお待ちですので、2階の婦人服売り場までお越しください。

(1) ここはどこですか。

(A) デパート

(B) 図書館

(C) 病院

(D) コンビニ

(2) 山田さんはどうすればいいですか。

(A) 自宅に電話する。

(B) 2階に行く。

(C) 鈴木さんに電話する。

(D) 大阪に行く。

(81) 公園についての説明の中で、正しくない
ものはどれですか。

(A) 遊び道具はあまり多くなかった。

(B) ユニークな遊び道具もあった。

(C) 大きくていつも賑やかだった。

(D) 小さい頃よく友達とそこに遊びに
行った。

(82) 公園は何年前からどう変わりましたか。

(A) 遊び道具が少しずつ無くなった。

(B) 遊びに来る人がもっと増えた。

(C) 公園の大きさが小さくなった。

(D) 遊び道具が増えて楽しくなった。

(83) この人は何が残念だと言っていますか。

(A) 遊び道具だけ増えていること

(B) 遊び道具で怪我する子供が増えて
いること

(C) 遊び道具が少なくなって子供たち
の声が聞こえなくなったこと

(D) 子供たちがうるさくて町の人に迷
惑をかけていること

(84) この人が願っていることとして正しい
ものはどれですか。

(A) もっと遊び道具を置いてほしい。

(B) 遊び道具の数をちょっと減らして
ほしい。

(C) 公園の明かりを増やしてほしい。

(D) 公園を他のところに移してほしい。

(85) この人の息子が少しずつ元気がなくなっ
ていった理由は何ですか。

(A) 学校の授業が難しすぎたから
(B) 先生が自分だけ叱ったから
(C) 他の生徒とけんかをしたから
(D) 左手を使うのはクラスで自分だけ
だったから

(86) この人の息子の担任が「今、直しておき
ましょうか」と言った理由は何ですか。

(A) この人の息子にあまり関心がなかっ
たから
(B) 自分の力では直せないと思ったから
(C) 左手を使うことを別に直さなくて
もいいと思ったから
(D) 今後、左手を使うことで苦労する
なら、今直しておいた方がいいと
判断したから

(87) この人の息子は毎日何をしてから学校
に行きますか。

(A) 左手を使うことのいいところにつ
いて考える。
(B) 左手でできることをいろいろ練習
する。
(C) 右手でひらがなを十分に練習して
いく。
(D) 右手で書くのを止めて左手で字の
練習をする。

(88) この人は息子が学校に行く前に隣に
座って何をしますか。

(A) 息子の代わりに宿題をしてあげる。
(B) 息子が左手を使うのを徹底的に直
してあげる。
(C) 何もしないで黙ったまま息子を見
守ってあげる。
(D) 左手で文字を書いて息子の大変さ
を感じてみる。

(89) この人はコーヒーショップを利用する
時、何が困ると言っていますか。

(A) 店内がうるさすぎること
(B) 隣の席で面接が行われること
(C) いつも注文したものが遅く出ること
(D) 注文したものがあまり美味しくな
いこと

(90) この人はコーヒーショップの隣の席か
ら個人情報が聞こえてきた時、どうし
ますか。

(A) 早くその店を出ていく。
(B) 集中して聞いてしまう。
(C) いつも聞こえないふりをする。
(D) 自分に役に立つ情報だけ聞く。

(91) この人の主張として正しいものはどれ
ですか。

(A) 部下との問題や不満は早く言って
ほしい。
(B) 一度決めたことは簡単に諦めない
でほしい。
(C) 面接は途中に諦めないで最後まで
頑張ってほしい。
(D) 他人もいる場所で面接をしたり、
大きな声を出すのは止めてほしい。

次のページに続く ⇒

(92) この人は富士山がユネスコ世界文化遺産に登録されたことについてどう思っていますか。

(A) よいことばかりだと思っている。
(B) よいことばかりではないと思っている。
(C) 全く納得できないことだと思っている。
(D) 今まで関心がなかったのでどうでもいいと思っている。

(93) 富士山が世界自然遺産に選ばれなかった理由として正しいものはどれですか。

(A) 国民の反対
(B) 申し込みの遅さ
(C) 書類準備の不十分さ
(D) 法律を無視して捨てられたごみ

(94) この人は何がもっと大切だと言っていますか。

(A) 海外からの観光客を増やす努力
(B) 富士山の美しさを世界的にアピールする努力
(C) 日本でのマナー、富士山でのマナーを強制しようとしない努力
(D) 文化遺産に選ばれた後もその美しさを大切にし続ける努力

(95) この人はどうして母が働いている姿を想像するのは難しかったと言っていますか。

(A) 今まで母の仕事に関心がなかったから
(B) 女性が配達の仕事をするのは珍しいから
(C) 女性で配達の仕事をしている人が減っているから
(D) 自分の家に配達に来る人がほとんど女性だったから

(96) この人が配達の仕事をしている女性を見て感じたことではないものはどれですか。

(A) 仕事の種類の多さ
(B) 母への感謝の気持ち
(C) 母の仕事の大変さ
(D) 仕事後の家事の大変さ

(97) この人は家事についてこれからどうしたいと思いましたか。

(A) しばらくの間だけ母に任せたい。
(B) 家事は全部自分でしたい。
(C) 今までのように全部母に任せたい。
(D) やれることから少しずつ手伝いたい。

(98) この人が遭った事故についての説明の
中で、正しくないものはどれですか。

(A) この人と相手側に怪我はなかった。
(B) 信号のない交差点で起きた事故で
あった。
(C) 一時停止を無視した車がぶつかっ
てきた事故であった。
(D) この人の車と相手側の車は思った
より壊れなかった。

(99) この人は新聞に質問を送った若者に何
を伝えたいと言っていますか。

(A) どんな交通事故でも慌ててはいけ
ない。
(B) 軽い事故なら一度経験してみるの
もいい。
(C) 交通規則を守っていても事故に遭
うことがある。
(D) 交通事故は信号のない交差点での
事故が特に多い。

(100) この人の主張として正しいものはど
れですか。

(A) 事故を恐れては車の運転は上手
になれない。
(B) 事故が怖い人は車を運転しては
いけない。
(C) 車は便利だが、体や心を傷つけ
る道具になることがある。
(D) 車を運転すればいつか事故に遭
うのは避けられない。

これで聞き取りの問題は終わります。

それでは、次の質問101番から質問200番までの問題に答えなさい。

答案用紙に書き込む要領は聞き取りの場合と同じです。

Ⅴ. 下の＿＿＿＿＿＿線の言葉の正しい表現、または同じ意味のはたらきをしている
　　言葉を(A)から(D)の中で一つ選びなさい。

(101) これは明日の授業に<u>必要</u>です。

    (A) むり

    (B) ようい

    (C) ひつよう

    (D) せいかつ

(102) 皆さん、授業が始まりますから、<u>席</u>
についてください。

    (A) うみ

    (B) かみ

    (C) せき

    (D) すな

(103) 私はいつも朝7時に<u>起きます</u>。

    (A) かきます

    (B) まきます

    (C) あきます

    (D) おきます

(104) 私は去年、この大学を<u>卒業</u>しました。

    (A) そつぎょう

    (B) たいいん

    (C) にゅうがく

    (D) そうたい

(105) 最近、結婚しない女性が<u>増加</u>してい
るそうだ。

    (A) ぞうか

    (B) きゅうぞう

    (C) のうりつ

    (D) げんしょう

(106) <u>貯金</u>しておいたお金で新しい車を買った。

    (A) じょきん

    (B) じょうきん

    (C) ちょきん

    (D) ちょうきん

(107) 社長は朝から<u>険しい</u>顔をしていた。

    (A) やさしい

    (B) けわしい

    (C) うれしい

    (D) かなしい

(108) この<u>どうろ</u>の工事は明日から始まり
ます。

    (A) 通路

    (B) 道路

    (C) 交通

    (D) 歩道

(109) すみませんが、そのノートをちょっと
<u>かして</u>くださいませんか。

    (A) 戻して

    (B) 返して

    (C) 借して

    (D) 貸して

(110) この運動はこれからも<u>つづける</u>つも
りだ。

    (A) 運ける

    (B) 続ける

    (C) 教ける

    (D) 覚ける

(111) そこにはこの仕事が<u>おわったら</u>すぐ
行くつもりです。

 (A) とったら
 (B) すんだら
 (C) のこったら
 (D) とまったら

(112) 私は毎週日曜日に家の中を<u>きれいに
します</u>。

 (A) 掃除をします
 (B) 洗濯をします
 (C) 料理をします
 (D) 買い物をします

(113) <u>風邪を引いたので</u>、会社を休んだ。

 (A) 風邪を引くと
 (B) 風邪を引いて
 (C) 風邪を引いたまま
 (D) 風邪を引いたのに

(114) お時間がよろしければ、コーヒーで
も<u>飲みませんか</u>。

 (A) 飲みましょう
 (B) きっと飲むでしょう
 (C) 飲みたくありません
 (D) 飲んだ方がいいです

(115) この部屋は<u>狭いです。そして暗いです</u>。

 (A) 狭くて暗いです
 (B) 狭くも暗くもありません
 (C) 狭いですが、暗いです
 (D) 狭いですが、暗くはありません

(116) 東京に<u>引っ越すことになっている</u>。

 (A) 引っ越したことがある
 (B) 引っ越すのが決まっている
 (C) 引っ越すかどうかわからない
 (D) 引っ越すつもりは全然ない

(117) 先週、母<u>と</u>旅行に行ってきた。

 (A) 机の<u>上</u>に本<u>と</u>ノートが置いてある。
 (B) 彼女が彼<u>と</u>話すのを見たことがない。
 (C) 彼がそんなことをする<u>とは</u>信じられない。
 (D) 山田君と鈴木君<u>と</u>どちらが背が高いの。

(118) 今回彼<u>の</u>した行動は理解できません。

 (A) 私<u>の</u>好きな音楽はジャズです。
 (B) 机の<u>上</u>にある本は誰<u>の</u>ですか。
 (C) デパートなら、銀行<u>の</u>隣にありますよ。
 (D) 家を買う<u>の</u>に必要な書類を提出しました。

(119) このかばんは本当に高<u>そうだ</u>。

 (A) 今度の旅行には彼女も行く<u>そうだ</u>。
 (B) 天気予報によると、明日は雨が降る<u>そうだ</u>。
 (C) 来週のパーティーには先生も参加する<u>そうだ</u>。
 (D) テーブルの上に美味し<u>そうな</u>りんごが置いてある。

(120) 部屋に入ると、目覚まし時計が<u>なって</u>いた。

 (A) これは今日中にしなければ<u>ならない</u>。
 (B) 彼は一生懸命勉強して検事に<u>なった</u>。
 (C) 今の失敗はいつかいい薬に<u>なると</u>思う。
 (D) 終了ベルが<u>なり</u>、子供たちは教室を飛び出していった。

VI. 下の＿＿＿＿＿線の(A)、(B)、(C)、(D)の言葉の中で正しくない言葉を一つ選びな
　　さい。

(121) ご飯を食べ終わった前に一緒にコーヒーでも飲みませんか。
　　　　　　　　　(A)　　　　　　(B)　　　　　　　(C)　　　(D)

(122) 駐車場には色々な種類の車が止まってありました。
　　　　　　(A)　(B)　　　　(C)　　　　　(D)

(123) 彼は会社の近くである小さなアパートに住んでいます。
　　　　　　(A)(B)　　　　(C)　　　　(D)

(124) せっかくの休日だから家族といっしょで遊園地にでも行こうと思っている。
　　　　(A)　　　　　　　　　(B)　　　　(C)　　　　(D)

(125) 中村君はハンサムで背も長いから、女の人に人気があるそうだ。
　　　　　　　(A)　　　(B)　　　　　(C)　　(D)

(126) この本、難しくてすぐには読めないので、三日ごろ貸してくださいませんか。
　　　　　　(A)　　　　　(B)　　　　(C)　　　　(D)

(127) 家に誰もいないのに、だんだん暗くになってとても怖かった。
　　　　(A)　　(B)　　(C)　　(D)

(128) 私の姉はいつも夕食を食べるからすぐにお風呂に入ります。
　　　　(A)　　　　　(B)　(C)　　　　(D)

(129) 私は甘い物はきらいので、お菓子やケーキなどもあまり食べない。
　　　　(A)　(B)　　　　(C)　　　　(D)

(130) あそこに座っている眼鏡をかけた人が誰ですか。
　　　　(A)　　　(B)　　　(C)　(D)

(131) 最近、仕事が<u>たまっていて</u>、<u>昨日</u>は<u>会社で</u><u>8時半間</u>も仕事をしました。
                          (A)   (B)   (C) (D)

(132) 私はよく家の<u>近くの</u>公園に行って散歩を<u>歩いたり</u><u>運動したり</u>します。
        (A) (B)   (C)   (D)

(133) お酒は<u>飲みすぎる</u>と体が<u>悪い</u>ですから、<u>適当に</u><u>飲んで</u>ください。
         (A)   (B)   (C)   (D)

(134) 鈴木さんは健康の<u>ために</u>、<u>毎日に</u><u>運動</u>を<u>して</u>います。
         (A) (B)   (C)   (D)

(135) この果物は今まで<u>食べた</u>ことがなかった<u>のに</u>、どう<u>食べたら</u>いいのか<u>さっぱり</u>
               (A)   (B)   (C)   (D)

わからない。

(136) <u>色々</u>食べてお腹が<u>いっぱい</u>です。もう<u>それ以上</u>は<u>食べられません</u>。
 (A)   (B)   (C)   (D)

(137) <u>はじめ</u><u>会った</u>時から<u>ずっと</u>私は彼<u>が</u>好きだった。
  (A)   (B)   (C)   (D)

(138) <u>後ろ</u>の方に<u>座って</u>いたので、何を言っている<u>のか</u>ここからはよく<u>聞きませんでした</u>。
  (A)   (B)   (C)   (D)

(139) 彼女はお母さんに<u>似る</u>と<u>言い続けて</u>きたが、私は<u>そう</u>は<u>思わない</u>。
            (A)   (B)   (C)   (D)

(140) <u>たいへん</u>申し訳ありませんが、<u>山田</u>はただ今席を<u>外して</u><u>いらっしゃいます</u>。
  (A)   (B)   (C)   (D)

VII. 下の________線に入る適当な言葉を(A)から(D)の中で一つ選びなさい。

(141) 昨日は________へ行きましたか。

    (A) いつか

    (B) どこか

    (C) だれか

    (D) なにか

(142) では、________失礼するよ。

    (A) さきに

    (B) まえに

    (C) あとに

    (D) うしろに

(143) その映画は何時________終わりますか。

    (A) に

    (B) と

    (C) から

    (D) まで

(144) 彼は日本語はできるが、英語________できない。

    (A) も

    (B) は

    (C) へ

    (D) さえ

(145) 忙しくなかったら、誰________手伝ってください。

    (A) か

    (B) に

    (C) が

    (D) を

(146) ________に女の人が座っていますね。

    (A) この

    (B) どこ

    (C) こんな

    (D) あそこ

(147) すみませんが、ここではスキーを________ことができますか。

    (A) する

    (B) した

    (C) しよう

    (D) します

(148) 私は父________よく散歩をします。

    (A) と

    (B) に

    (C) へ

    (D) が

(149) 図書館で4時間________をしました。

    (A) さんか

    (B) りょうり

    (C) すいえい

    (D) べんきょう

(150) 先生のおかげで、いい大学________受かりました。

    (A) で

    (B) を

    (C) に

    (D) から

(151) 家族の中で私________が左手を使います。

    (A) だけ

    (B) しか

    (C) より

    (D) ぐらい

(152) 山田先生は思った________厳しい人ではありませんでした。

    (A) やら

    (B) すら

    (C) ほど

    (D) さえ

(153) 私も電子辞書＿＿＿＿＿＿ほしいです。

    (A) が

    (B) と

    (C) を

    (D) に

(154) 「もう少し＿＿＿＿＿＿ですか」「いいえ、もうけっこうです」

    (A) こう

    (B) そう

    (C) ああ

    (D) どう

(155) ちょっと暑いので、＿＿＿＿＿＿を開けてくださいませんか。

    (A) まど

    (B) かぜ

    (C) ゆき

    (D) へや

(156) 昨日見た映画は本当に＿＿＿＿＿＿。

    (A) おもしろいでした

    (B) おもしろかったです

    (C) おもしろいでしょう

    (D) おもしろかったでした

(157) 朝から雨が降っています。＿＿＿＿＿＿雷も鳴っています。

    (A) そこで

    (B) それに

    (C) ところで

    (D) または

(158) 「お待たせしました」「いいえ、私も今来た＿＿＿＿＿＿です」

    (A) まま

    (B) ほど

    (C) とき

    (D) ばかり

(159) 昨日、電車の中で財布を＿＿＿＿＿＿＿しまいました。

    (A) とって

    (B) とられて

    (C) とらせて

    (D) とらされて

(160) 昨日、友達と一緒に＿＿＿＿＿＿＿に行きましたが、気に入るものがありませんでした。

    (A) ボート

    (B) フォーク

    (C) デパート

    (D) グラウンド

(161) 出かける時は、必ず電気を＿＿＿＿＿＿＿ましょう。

    (A) きえ

    (B) けし

    (C) しめ

    (D) とまり

(162) 彼女は＿＿＿＿＿＿＿小鳥のようにきれいな声で歌を歌います。

    (A) まるで

    (B) かなり

    (C) たとえ

    (D) きっと

(163) 私が住んでいるアパートは＿＿＿＿＿＿＿いいです。

    (A) しずか

    (B) しずかに

    (C) しずかで

    (D) しずかだ

(164) これは＿＿＿＿＿＿＿な本ですから、無くさないでください。

    (A) ふり

    (B) じゆう

    (C) しんせつ

    (D) たいせつ

(165) 中村さんは青い帽子を＿＿＿＿＿＿＿います。

    (A) きて

    (B) かけて

    (C) はいて

    (D) かぶって

(166) ここから会場までは＿＿＿＿＿＿＿ですから、歩いて行きましょうか。

    (A) ちかい

    (B) あさい

    (C) さびしい

    (D) あかるい

(167) すべての電車が止まった。なぜなら、大雪が降った＿＿＿＿＿＿＿だ。

    (A) から

    (B) ので

    (C) のに

    (D) まで

(168) この文法は来週の試験に出ますから、＿＿＿＿＿＿＿おいてください。

    (A) おきて

    (B) おわって

    (C) おもって

    (D) おぼえて

(169) 京都へ＿＿＿＿＿＿＿、秋がいいです。

    (A) 行くと

    (B) 行けば

    (C) 行ったら

    (D) 行くなら

(170) すみませんが、そちらの塩を取って＿＿＿＿＿＿＿。

    (A) いきだきますか

    (B) いただきましょうか

    (C) くださいましょうか

    (D) くださいませんか

VIII. 下の文を読んで、後の問いにもっとも適した答えを(A)から(D)の中で一つ選び
　　なさい。

(171〜174)

　　びっくりされるかもしれませんが、私と友達の由香は男の子にまじって野球をして
います。野球はすごく楽しいです。打った球が遠くへ飛んだり、飛んできたボールを
うまく受けられると気持ちがいいです。最近、由香は打つ練習を、私は投げる練習を
しています。毎日努力したおかげで由香は昔より遠くへ球を打つことができ、私はね
らったところにストライクが投げられるようになりました。もう一つ野球が素晴らし
いのは、野球を通して仲間が作れることです。仲間がいれば、誰かが失敗しても声を
かけてはげまし、①________。最近日本では女子サッカーが流行っていますが、女の
子にも野球の楽しさをもっと知ってもらいたいです。私は将来、女子野球の選手にな
るか、女子ソフトボールの選手になりたいです。プロとして活躍して日本中を盛り上
げたいです。

(171) この人は何にびっくりされるかもしれないと思っていますか。
　　(A) 女の子が野球をすること
　　(B) 女の子がサッカーをすること
　　(C) 女の子の野球チームがあること
　　(D) 野球をやっている女の子が自分一人であること

(172) 最近、この人はどんなことができるようになりましたか。
　　(A) 昔より遠くへ球を打てるようになった。
　　(B) 飛んできたボールをうまく受けられるようになった。
　　(C) ねらったところにストライクが投げられるようになった。
　　(D) ねらったところに入ったボールをうまく打てるようになった。

(173) 本文の内容からみて、①________に入るもっとも適当な文章は何ですか。
　　(A) とても落ち込んでしまいます
　　(B) あまり野球がしたくなくなります
　　(C) 調子をもとに戻すことができます
　　(D) すぐ他の人に交代してもらいます

(174) 本文の内容と合っていないものはどれですか。
　　(A) この人は友達と野球をやっている。
　　(B) 最近、この人はピッチャーの練習をしている。
　　(C) この人は野球を通じて仲間が作れると思っている。
　　(D) 最近、日本では女子サッカーより女子野球の人気が高い。

(175~178)

　私はたばこのにおいが好きではありません。公共施設には喫煙コーナーがあり、そこでたばこを吸っている人がたくさんいます。私は、そこを通る時、必ず息を止めてしまいます。煙が体に悪いと知っているからです。たばこを吸うのは自由ですが、最近はたばこより健康を大切に思う国民意識が高まっていると思います。そこで私は三つの提案をしたいと思います。第一に、喫煙に対する健康面からの教育を、小さい頃から徹底した方がいいと考えます。たばこについての正しい知識は、喫煙者を減少させる効果があると思います。第二に、たばこ税を増やしてたばこの価格をさらに上げることで、たばこを買うのを難しくすれば、①________と考えます。最後に、喫煙者に対するマナー教育です。たばこを吸ってから道に捨てるのがいつも問題になっているので、喫煙者のマナーについても教育する必要があると考えます。

(175) この人は公共施設の喫煙コーナーでたばこを吸っている人がいる時、どうしますか。

    (A) なるべく速い足で通る。

    (B) 気にしないでただ通る。

    (C) 必ず息を止めて通る。

    (D) そこを通らないで回り道をする。

(176) この人は喫煙に対する健康面からの教育を通してどんなことが期待されると言っていますか。

    (A) 喫煙者を減少させる効果がある。

    (B) たばこの価格を上げられる効果がある。

    (C) たばこの価格を維持できる効果がある。

    (D) 青少年の喫煙率低下の効果がある。

(177) この人が喫煙者を減らす方法として提案していることではないものはどれですか。

    (A) たばこの煙に関する教育

    (B) たばこの価格を上げること

    (C) 喫煙者に対するマナー教育

    (D) 喫煙に対する健康面からの教育

(178) 本文の内容からみて、①________に入るもっとも適当な文章は何ですか。

    (A) 喫煙率はもっと上がるようになる

    (B) たばこの販売率は増えるようになる

    (C) 喫煙者がやがて買わないようになる

    (D) 喫煙率がそのまま維持されるようになる

(179~182)

　　私の趣味は切手を集めることです。小学校1年生から集め始めてもう10年になります。切手の種類には人や動物の写真が入っている切手、美しい景色の切手など色々ありますが、私は動物の写真が入っている切手だけ集めています。①＿＿＿＿＿、動物の写真の切手には特別な思いがあるからです。幼い頃、家の猫が死んで深く傷ついていた私に、母が猫の写真の切手を買ってきてくれたことがありました。その切手を見るたびに、その猫との幸せな時間を思い出したりしたのです。②それがきっかけになって今までずっと集めていますが、これまで集めた切手は全部で1000枚ぐらいになります。来週の月曜日から家の近くにある郵便局で珍しい動物の写真が入っている切手が売られるそうなので、販売初日の明後日行ってみるつもりです。

(179) この人についての説明の中で、正しくないものはどれですか。

    (A) 猫はあまり好きではない。

    (B) 小学生の時から切手を集め始めた。

    (C) 今まで集めた切手は1000枚ぐらいになる。

    (D) 動物の写真が入っている切手だけ集めている。

(180) 本文の内容からみて、①＿＿＿＿＿に入るもっとも適当な言葉は何ですか。

    (A) そこで

    (B) なぜなら

    (C) それから

    (D) ようするに

(181) ②それが指しているものはどれですか。

    (A) 家にいた猫に死なれたこと

    (B) 趣味で切手を集めていること

    (C) 動物の写真が入っている切手だけ集めていること

    (D) 母が猫の写真が入っている切手を買ってくれたこと

(182) 本文の内容からみて、今日は何曜日ですか。

    (A) 金曜日

    (B) 土曜日

    (C) 日曜日

    (D) 月曜日

(183～185)

> 　「通勤地獄」とはよく言ったもので、都会の朝夕のラッシュが会社員のストレスの大きな原因になっていることは間違いないと思います。中でも、もう何年も前から問題と言われながら、今も全く変わらない①電車内でのかばんの持ち方の問題。これは、何とかならないものでしょうか。
> 　男女②＿＿＿＿＿＿、満員電車の中で、大きなかばんやハンドバッグを肩にかけ、少し後ろに回して持っている人が少なくありません。この状態だと本人の知らない間にかばんが周囲の人にぶつかったりします。人にぶつかっても本人は気付かないことが多いので、ぶつかった方は痛みに加えて嫌な気分を味わうことになります。大きなかばんを持っている人は車内ではくれぐれも後ろには回さず、抱えるか、自分の前に回して手で押さえるくらいの気遣いをお願いします。

(183) ①電車内でのかばんの持ち方の問題についての説明の中で、正しいものはどれですか。

    (A) 今も昔と同じで全く変わらない。

    (B) 改善されたり悪化したりしている。

    (C) 昔に比べて改善されつつあると言える。

    (D) もともと別に問題はなかったのに、報道で問題になった。

(184) 本文の内容からみて、②＿＿＿＿＿＿に入るもっとも適当な表現は何ですか。

    (A) によって

    (B) を問わず

    (C) に対して

    (D) にもかかわらず

(185) この人の主張として正しいものはどれですか。

    (A) 電車内で大きなかばんは前回しにしてほしい。

    (B) 大きなかばんを持って電車に乗ってはいけない。

    (C) 大きなかばんは自分の前にきちんと置いてほしい。

    (D) 電車内ではかばんを肩にかけ、後ろに回して持つのも許すべきだ。

(186~188)

　　バレンタインデーの14日、小1の娘が学校でチョコレートをもらって帰ってきた。「友チョコ」といって、普通は女の子同士で交換するのだが、娘はチョコを持っていかなかったので、もらっただけなんだという。1年生でもこんなことが行われていることに私は正直驚いてしまった。相手の子は娘のことを仲よく思ってくれているのだろう。だが、①親としては素直に喜べない。まず、勉強の場である学校にお菓子を持っていくことがよくないし、チョコをもらえなかった子の気持ちを考えると、悲しくもなる。しかも、最近小学生の太りすぎがたびたび問題になっているので、甘い物の食べすぎにならないかと心配にもなってくる。

　　友達に感謝の気持ちを伝えたいのなら、②________。私も娘に、まずそのことから教えていこうと思った。バレンタインデーと言えば、女の子が好きな男の子にチョコを渡して自分の気持ちを伝える日だと思っていたが、時代が変わり、今ではクラス全員にあげる子もいるという。何かがおかしいと思うのは私だけだろうか。

(186) 本文に出ている友チョコについての説明の中で、正しいものはどれですか。

　　(A) 男の子同士でチョコを交換すること
　　(B) 女の子同士でチョコを交換すること
　　(C) 女の子が好きな男の子にチョコを渡すこと
　　(D) 男の子が好きな女の子にチョコを渡すこと

(187) ①親としては素直に喜べないの理由として、正しくないものはどれですか。

　　(A) 思ったよりあまり美味しくないチョコだったから
　　(B) 勉強の場である学校にお菓子を持っていくから
　　(C) 甘い物の食べすぎにならないかと心配になってくるから
　　(D) チョコをもらえなかった子の気持ちを考えると悲しくなるから

(188) 本文の内容からみて、②________に入るもっとも適当な文章は何ですか。

　　(A) チョコだけで十分なのだ
　　(B) 物が必要な場合も多い
　　(C) お金や物を渡さなくてもできるはずだ
　　(D) 言葉だけでは何か物足りない気がする

(189~192)

> 　日本に留学中、私は日本人の友達と渋谷にあるクラブに行ったことがある。クラブではカウンターでお酒を飲むことができるが、友達はまだ20歳になっていないはずなのに、お酒を買って飲んでいた。私の国の場合、クラブに入る前やお酒を買う時には、必ず身分証明書を店員に見せなければならない。①＿＿＿＿＿、日本では身分証明書を見せることをあまりしない。店は、どうやって年齢を確認しているのだろうか。
> 　また先日、日本に住んでいる外国人が病気になり、日本人と嘘をついて友達の健康保険証を病院で使ったが、疑われなかったという話を聞き、②<u>とても驚いた</u>ことがある。日本人の友達は「日本では、普段の生活に身分証明書なんか必要ないよ」と言うのだが、身分証明書を悪い目的で使ったり、未成年がお酒を飲んだりする問題などもある。日本でも身分証明書をきちんと確認すべきではないだろうか。

(189) クラブに入る前やお酒を買う時にこの人の国ではどうしますか。

- (A) 身分証明書など全く必要ない。
- (B) たまに確認するから運に任せるしかない。
- (C) 必ず身分証明書を店員に見せなければならない。
- (D) 外見で判断して身分証明書を見せない場合もある。

(190) 本文の内容からみて、①＿＿＿＿＿に入るもっとも適当な言葉は何ですか。

- (A) でも
- (B) それで
- (C) そのうえ
- (D) ようするに

(191) ②<u>とても驚いた</u>の理由として正しいものはどれですか。

- (A) 外国人にも健康保険証の確認を厳しく要求されたから
- (B) 外国人が病気になっても健康保険証が必要だったから
- (C) 外国人が病気になっても健康保険証が要らなかったから
- (D) 外国人が日本人と嘘をついて友達の健康保険証を使ったから

(192) この人の考えと合っているものはどれですか。

- (A) 外国人も身分証明書を持ち歩いてほしい。
- (B) 外国人の身分証明書は時には役に立つ。
- (C) 日本では身分証明書の確認など要らない。
- (D) 日本でも身分証明書の確認を求めるべきである。

(193~196)

　私は重い病気で車椅子を使っている障害者です。最近、歩道や駅で多くの方が携帯電話やスマートフォンばかり見ていて、①＿＿＿＿＿。狭くて混雑するところ、特に駅のホームやエスカレーター付近では人とぶつかりそうになるので、自分から「失礼します。通ります」と叫ぶこともあります。車椅子は金属製であるため、ぶつかった相手が怪我をすることは当然わかっているので、前もって声をかけるのです。

　列車の中でも状況はそう変わりません。携帯に熱中する人には「優先席では携帯の電源を切ろう」というポスターも車内放送も馬の耳に念仏。車椅子の私はもちろん、体の不自由なお年寄りが立っていても全く気付かず、優先席に座って携帯ばかりを眺めています。②＿＿＿＿＿、これだけ案内や放送が行われているのにもかかわらず、なぜ基本的なマナーが守られないのでしょうか。これからはもっと周囲を考えた携帯、スマホの使い方をしていただきたいと思います。

(193) 本文の内容からみて、①＿＿＿＿＿に入るもっとも適当な文章は何ですか。

 (A) 実は私もよく見ています

 (B) 私に気付いてくれないことがあります

 (C) 多くの方々が私に親切にしてくれます

 (D) 何を見ているのか正直に気になります

(194) この人はどうして前もって「失礼します。通ります」と叫びますか。

 (A) そうしないと道を譲ってくれないから

 (B) 普通の人よりこの人の声が小さいから

 (C) そうしないと前になかなか進めないから

 (D) 車椅子にぶつかった相手が怪我をするのは明らかだから

(195) 本文の内容からみて、②＿＿＿＿＿に入るもっとも適当な言葉は何ですか。

 (A) さて

 (B) しかし

 (C) ところで

 (D) つまり

(196) この人の考えと合っているものはどれですか。

 (A) 携帯電話の見すぎは目にあまりよくない。

 (B) 電車内での携帯電話の使用は許されてもいい。

 (C) 込む場所で携帯電話に熱中するのは危険である。

 (D) 携帯電話を使っていても体の不自由な人とぶつかるおそれはない。

(197~200)

　最近、体罰の問題が話題になっている。ある学校で指導の一部として体罰が行われていたことがわかり、関係者が頭を下げている様子が毎日のようにテレビで流れている。一方、①体罰を行っていた教師たちは、体罰による痛みを我慢することにより精神が強くなるように、生徒のために行っていたとも主張している。実際、以前は体罰などは当たり前で、それは社会的にも許されていたのだろう。現在指導をしている教師の中には、自身が体罰による教育を受けてきたため、そのことが教育や指導に影響している人も多いのではないだろうか。②________、時代はもう変わった。今の日本社会、また、世界的な流れからすれば、いくら指導であっても生徒に手をあげるのは③________とみなされる。このため、たとえ日本人としての強い精神を育てるためであっても、体罰は社会的に通じないどころか、絶対してはいけないものなのだ。このことをぜひ全国の教師たちに理解してもらい、学校における体罰を許さないような環境にしていってもらいたい。そして、ぜひ体罰がなくても強い精神を作れるよう新たな指導法を考えてもらいたい。

(197) ①体罰を行っていた教師たちの考えとして正しいものはどれですか。

　　(A) 体罰は生徒のために行っていたと思っている。

　　(B) 体罰以外の指導法は正しかったと思っている。

　　(C) 体罰は生徒の指導に非常に役立ったと思っている。

　　(D) 体罰を指導として行ったのは間違っていたと思っている。

(198) 本文の内容からみて、②________に入るもっとも適当な言葉は何ですか。

　　(A) しかし

　　(B) さて

　　(C) ところで

　　(D) つまり

(199) 本文の内容からみて、③________に入るもっとも適当な言葉は何ですか。

　　(A) 暴力

　　(B) 納得

　　(C) 称賛

　　(D) 反対

(200) この人の主張として正しいものはどれですか。

　　(A) 体罰の効果を社会的に見直してほしい。

　　(B) 体罰を指導としてもっと行ってほしい。

　　(C) 体罰を通じて生徒に日本的な強い精神を持たせてほしい。

　　(D) 学校を体罰を許さないような環境にしていってほしい。

JPT 日本語能力試験

JAPANESE PROFICIENCY TEST

실전 모의고사

次の質問1番から質問100番までは聞き取りの問題です。

どの問題も一回しか言いませんから、よく聞いて答えを(A), (B), (C), (D)の中から一つ選びなさい。答えを選んだら、それにあたる答案用紙の記号を黒くぬりつぶしなさい。

Ⅰ．次の写真を見て、その内容に合っている表現を(A)から(D)の中で一つ選びなさい。

(例)

(A) ここは銀行です。

(B) ここは郵便局です。

(C) ここは病院です。

(D) ここは図書館です。

答　(A) (●) (C) (D)

(1)

(08:00〜22:00)
30分/200円
60分/100円 (22:00〜08:00)
※48時間以上の駐車はご遠慮下さい。
ジーエスパーク
GS Park
ロック板は下がってますか!?
ロック板
入庫・出庫の際は
ロック板の状況を
運転者が必ず目視にて
ご確認下さい
駐車場名:登大路町
故障等 緊急連絡先
GSパーク駐車場コールセンター
0120-511-191
TULLY'S 情熱の

(2)

次のページに続く

(3)

(4)

(5)

(6)

次のページに続く ⟶

(7)

(8)

(9)

(10)

次のページに続く

(11)

(12)

132

(13)

(14)

次のページに続く

(15)

(16)

(17)

(18)

次のページに続く

(19)

(20)

お手洗い
RESTROOMS
授乳室
BREAST-FEEDING ROOM
ガイダンスルーム
GUIDANCE ROOM
ミニシアター
THEATER

Ⅱ. 次の言葉の返事として、もっとも適したものを(A)から(D)の中で一つ選びなさい。

（例）明日は何をしますか。

    (A)　公園に行きました。
    (B)　金曜日です。
    (C)　運動をしました。
    (D)　友達の家に遊びに行きます。

(21) 答えを答案用紙に書き入れなさい。   *(36)* 答えを答案用紙に書き入れなさい。

(22) 答えを答案用紙に書き入れなさい。   *(37)* 答えを答案用紙に書き入れなさい。

(23) 答えを答案用紙に書き入れなさい。   *(38)* 答えを答案用紙に書き入れなさい。

(24) 答えを答案用紙に書き入れなさい。   *(39)* 答えを答案用紙に書き入れなさい。

(25) 答えを答案用紙に書き入れなさい。   *(40)* 答えを答案用紙に書き入れなさい。

(26) 答えを答案用紙に書き入れなさい。   *(41)* 答えを答案用紙に書き入れなさい。

(27) 答えを答案用紙に書き入れなさい。   *(42)* 答えを答案用紙に書き入れなさい。

(28) 答えを答案用紙に書き入れなさい。   *(43)* 答えを答案用紙に書き入れなさい。

(29) 答えを答案用紙に書き入れなさい。   *(44)* 答えを答案用紙に書き入れなさい。

(30) 答えを答案用紙に書き入れなさい。   *(45)* 答えを答案用紙に書き入れなさい。

(31) 答えを答案用紙に書き入れなさい。   *(46)* 答えを答案用紙に書き入れなさい。

(32) 答えを答案用紙に書き入れなさい。   *(47)* 答えを答案用紙に書き入れなさい。

(33) 答えを答案用紙に書き入れなさい。   *(48)* 答えを答案用紙に書き入れなさい。

(34) 答えを答案用紙に書き入れなさい。   *(49)* 答えを答案用紙に書き入れなさい。

(35) 答えを答案用紙に書き入れなさい。   *(50)* 答えを答案用紙に書き入れなさい。

次のページに続く ⟹

III. 次の会話をよく聞いて、後の問いにもっとも適したものを(A)から(D)の中で一つ
　　選びなさい。

（例）女：昨日、友達の家に行きました。

　　　男：何をしましたか。

　　　女：音楽を聞いたり話したりしました。

　　　男：そうですか。私は昨日家でテレビを見ました。

　　男の人は昨日何をしましたか。

　　(A) 音楽を聞いた。

　　(B) 友達と話した。

　　(C) 家でテレビを見た。

　　(D) 勉強をした。

(51) 女の人は週末に何をしますか。

　　(A) 海に行く。
　　(B) 家で過ごす。
　　(C) 仕事をする。
　　(D) 病院に行く。

(52) 女の人はいくら払いますか。

　　(A) 1200円
　　(B) 1400円
　　(C) 1600円
　　(D) 1800円

(53) 女の人は何を始めましたか。

　　(A) 水泳
　　(B) テニス
　　(C) 英語の勉強
　　(D) ジョギング

(54) 明日、二人は何時に会いますか。

　　(A) 9時45分
　　(B) 9時50分
　　(C) 10時
　　(D) 10時15分

(55) 女の人はこれからどうしますか。

　　(A) 今すぐ郵便局に行く。
　　(B) 午後に郵便局に行く。
　　(C) 午前中に郵便局に行く。
　　(D) 今日は郵便局に行かない。

(56) 男の人はいつ公演を見に行きますか。

　　(A) 今週の平日
　　(B) 来週の平日
　　(C) 今週の週末
　　(D) 来週の週末

(57) 男の人が住んでいるところはどんなところですか。

(A) いつも静かなところである。
(B) 週末だけ静かなところである。
(C) 平日だけうるさいところである。
(D) 平日だけ静かなところである。

(58) 鈴木さんから電話がかかってきたのは何時頃ですか。

(A) 3時半
(B) 4時半
(C) 5時半
(D) 6時半

(59) 女の人はどんなスニーカーを買いますか。

(A) 白のスニーカー
(B) 白と黒のストライプのスニーカー
(C) 黒と青のストライプのスニーカー
(D) 白と青のストライプのスニーカー

(60) 男の人は昨日の映画についてどう思っていますか。

(A) つまらなかった。
(B) まあまあだったが、ストーリーは気に入った。
(C) 面白かったが、映像が気に入らなかった。
(D) 面白かったが、ストーリーが気に入らなかった。

(61) 男の人は今年何回旅行に行きましたか。

(A) 2回
(B) 3回
(C) 4回
(D) 5回

(62) 二人は今週の土曜日どこへ行きますか。

(A) どこにも行かない。
(B) 男の人の家の近くにある広場
(C) 女の人の家の近くにある公園
(D) 男の人の会社の近くにある公園

(63) ホテルに一晩泊まって夕食だけ食べない場合、ホテル代はいくらですか。

(A) 1万円
(B) 1万2千円
(C) 1万3千円
(D) 1万5千円

(64) 今日はどんな天気ですか。

(A) 雨
(B) 雪
(C) 晴れ
(D) 曇り

(65) 男の人は今度の連休に何をしますか。

(A) 友達と北海道に行く。
(B) 両親と北海道に行く。
(C) 家族五人で旅行に行く。
(D) 何もしないで家で過ごす。

(66) 男の人は車の何が心配ですか。

(A) 乗り心地がよくないこと
(B) 車の値段が高いこと
(C) 二人しか乗れないこと
(D) ガソリン代がたくさんかかること

次のページに続く

(67) 男の人のキャンセル料はいくらですか。

(A) 3000円
(B) 6000円
(C) 9000円
(D) 1万2000円

(68) 二人の会話の内容と合っているものはどれですか。

(A) 女の人は男の人を待たせた。
(B) 男の人は拾った財布を交番に届けた。
(C) 男の人はデパートで財布を拾った。
(D) 女の人は待たせた男の人に怒っている。

(69) 男の人の眼鏡はどこにありますか。

(A) かばんの中
(B) 上着の中
(C) 食堂のテーブル
(D) 食堂の入り口

(70) 二人はどうすることにしましたか。

(A) 中村さんにお金をあげることにした。
(B) 中村さんに時計をプレゼントすることにした。
(C) 中村さんに何もプレゼントをしないことにした。
(D) 中村さんが好きな物を買ってあげることにした。

(71) 二人が話しているホテルについて正しくないものはどれですか。

(A) 景色がいい。
(B) 温泉が付いている。
(C) 近くに遊べるところがたくさんある。
(D) 美味しいケーキが適当な値段で食べられる。

(72) 二人はこれからどうしますか。

(A) 喫茶店の2階に行く。
(B) 喫茶店に入る。
(C) 海に行く。
(D) 公園まで登る。

(73) 女の人はテレビが見られるパソコンのどんなところが不満ですか。

(A) 大きすぎるところ
(B) 画像があまりよくないところ
(C) 狭い部屋に似合わないところ
(D) テレビへの画面の切り替えが面倒なところ

(74) 二人の会話の内容と合っているものはどれですか。

(A) 二人は円がもっと安くなるだろうと思っている。
(B) 女の人は今後もドル預金を続けようと思っている。
(C) 女の人はドル預金である程度利益が出たようだ。
(D) 男の人は今もっと利益の出るものに預けるのはよくないと思っている。

(75) 鈴木部長についての説明の中で、正しいものはどれですか。

  (A) 大げさな人である。
  (B) 明るくて親切な人である。
  (C) 何でもいい加減にする人である。
  (D) 仕事にはかなりうるさい人である。

(76) 男の人は何を心配していますか。

  (A) 道が込んでいること
  (B) 約束の時間に遅れること
  (C) 相手の会社との契約のこと
  (D) 約束の時間まで余裕がないこと

(77) 女の人が仕事後に行く場所の順番として正しいものはどれですか。

  (A) 会社の近く → 家 → 風呂屋 → 会社の近く
  (B) 風呂屋 → 会社の近く → 風呂屋 → 家
  (C) 家 → 会社の近く → 風呂屋 → 会社の近く
  (D) 会社の近く → 風呂屋 → 家 → 会社の近く

(78) 女の人の考えとして正しいものはどれですか。

  (A) 若い人は明るい感じがとても好きだ。
  (B) 若い人には明るい色より落ち着いた色が人気がある。
  (C) 若い人は色はあまり気にしないから、どんな色でもいい。
  (D) 若い人には落ち着いた色が人気があるが、今は明るい色にするしかない。

(79) 女の人は男の人の決心についてどう思っていますか。

  (A) 半信半疑に思っている。
  (B) 実行できると信じ込んでいる。
  (C) 全く意味がないと思っている。
  (D) 実行には何の問題もないと思っている。

(80) 二人は山田君の行動についてどう思っていますか。

  (A) 年のわりに大人らしくない。
  (B) 新人だから、仕方がない。
  (C) まだ若いのに、本当に頼もしい。
  (D) 肩書きからすると、十分理解できる。

次のページに続く →

IV. 次の文章をよく聞いて、後の問いにもっとも適したものを(A)から(D)の中で一つ
選びなさい。

(例) ご来店のお客様にお知らせを申し上げます。千代田区からお越しの鈴木様、
鈴木様、至急1階の案内デスクまでお越しくださいませ。続きまして、お客
様のお呼び出しを申し上げます。大阪からお越しの山田様、山田様、お連れ
様がお待ちですので、2階の婦人服売り場までお越しください。

(1) ここはどこですか。

(A) デパート

(B) 図書館

(C) 病院

(D) コンビニ

(2) 山田さんはどうすればいいですか。

(A) 自宅に電話する。

(B) 2階に行く。

(C) 鈴木さんに電話する。

(D) 大阪に行く。

(81) この人はどうして今の地球は異常だと
思いましたか。
(A) 冬なのに桜が咲いたから
(B) いつもよりも桜が遅く咲いたから
(C) 桜がきれいに咲く中、雪が降った
から
(D) 冬になかなか雪が降らなくなった
から

(82) 地球温暖化に対するこの人の考えとし
て正しいものはどれですか。
(A) 心配になってならない。
(B) 必ずしも悪いとは言えない。
(C) 絶対あってはならないことだ。
(D) 今まで深く考えたことはなかった。

(83) この人の考えと合っているものはどれ
ですか。
(A) 地球の異常さが見せる不思議に関
心がある。
(B) 異常な地球でも人は生きることが
できる。
(C) 壊れた地球環境を元に戻していき
たい。
(D) 地球温暖化は人の力では何もでき
ない。

(84) この人が美術館から帰る時に乗ろうと
したバスはどうでしたか。

(A) すぐ乗ることができた。
(B) ほとんどのバスは席が空いていた。
(C) ほとんどのバスが人でいっぱいだった。
(D) 交通事故に遭い、なかなか来なかった。

(85) 座っていた日本人がこの人に席に譲っ
てくれた理由は何ですか。

(A) お年寄りだと思ったから
(B) この人が疲れているように見えた
から
(C) この人がたくさんの荷物を持って
いたから
(D) 外国人がこの人に席を譲るように
と言ったから

(86) この人はバスでの出来事で何を実感し
ましたか。

(A) 日本人にもまだ相手への思いやり
の気持ちが残っていること
(B) 日本人にはもう相手への思いやり
の気持ちがなくなっていること
(C) 日本人に比べて外国人は思いやり
を知らない人が多いこと
(D) 日本人に比べて外国人の方が思い
やりを知っていること

(87) この人はどうしてほっとしましたか。

(A) 思いやりを知らないのは日本人だ
けではなかったから
(B) 日本人でも相手への思いやりの心
を持った人がいると知ったから
(C) 日本人の相手への思いやり心が少
しずつ回復していると思ったから
(D) 外国人の思いやりを学ぼうとする
日本人が増えているから

(88) この人の息子についての説明の中で正
しくないものはどれですか。

(A) 今大学4年生である。
(B) 今就職活動をしている。
(C) 今まで30数社ぐらい受けた。
(D) 受けた会社は全て面接で落ちてし
まった。

(89) 息子の就職活動が続くここ数カ月間、
この人はどんな気持ちですか。

(A) 不安と希望の間を行ったり来たり
している。
(B) 就職などどうでもいいとずっと思っ
ている。
(C) 息子は絶対合格すると信じ込んで
いる。
(D) 息子にあまり可能性はないと諦め
ている。

(90) 受けた会社に全部落ちてからこの人の
息子はどんな会社に目標を変更しまし
たか。

(A) 大きな会社
(B) 小さな会社
(C) 社員が多い会社
(D) 休みが多い会社

(91) この人の息子は自分が落ちる理由をど
うみていますか。

(A) ただ運が悪かったから
(B) コミュニケーション能力が足りない
から
(C) 最初から無理な会社ばかり受けた
から
(D) 自分の本当の能力をわかってくれ
ないから

次のページに続く ⇨

(92) この人は歴史の授業でどんなことについて考えましたか。

(A) 正しい歴史とは何か
(B) 繰り返される歴史の問題
(C) 歴史に関する知識の不足
(D) 歴史を変えるような事件

(93) この人が考えている歴史とは何ですか。

(A) 自分の国の悪い歴史はあまり気にしないこと
(B) 自分の国の良い歴史をしっかりと勉強しておくこと
(C) 素晴らしい文化を生み出した歴史を誇りに思うこと
(D) 良いところも悪いところも全て含めて自分の国の歴史として理解すること

(94) この人は今の外交問題をどんなふうに解決してほしいと思っていますか。

(A) まずは自分の国を先に解決してほしい。
(B) うまくいきそうな問題を先に解決してほしい。
(C) 他の国とコミュニケーションを取って解決してほしい。
(D) 歴史問題の理解だけで済むことを先に理解してほしい。

(95) この人は父の日が近付くと何を思い出しますか。

(A) 家事を手伝っている父の姿
(B) 田植えをする時の父の笑顔
(C) 母と一緒に食事をしている父の姿
(D) 姉妹たちを見て笑っている父の姿

(96) この人が小学3年生の時、この人の父はどうしてこの人を待っていましたか。

(A) 家事を手伝わせるため
(B) 妹たちの世話を頼むため
(C) 苗を植える準備作業のため
(D) 学校の宿題を確認するため

(97) この人についての説明の中で、正しくないものはどれですか。

(A) 兄弟は6人姉妹であった。
(B) この人の家は農家であった。
(C) 田植えはいつも家族みんなでやった。
(D) 田植えをする時は牛を使って田を耕して苗を1本1本植えた。

(98) 政府が白熱電球の製造・販売を控える
　　　よう関連会社に求めた理由は何ですか。

　　　(A) 蛍光灯に比べて高すぎるから
　　　(B) 白熱電球の消費電力が大きいから
　　　(C) もう使用している家庭がほとんど
　　　　　いないから
　　　(D) 白熱電球のため、電気がもれる事
　　　　　故がよく起きるから

(99) この人が冬、ボイラー室に小さな白熱
　　　電球を点けておく目的は何ですか。

　　　(A) 蛍光灯に比べて明るいため
　　　(B) タンクの水が夜凍るのを防ぐため
　　　(C) 白熱電球の光の色が好きなため
　　　(D) ボイラー室の電気を節約するため

(100) 白熱電球が暖かい理由は何ですか。

　　　(A) 消費電力が少ないから
　　　(B) 周りの熱を一カ所に集めるから
　　　(C) 電球としての寿命が短いから
　　　(D) 光と熱を同時に発生させるから

これで聞き取りの問題は終わります。

それでは、次の質問101番から質問200番までの問題に答えなさい。

答案用紙に書き込む要領は聞き取りの場合と同じです。

Ⅴ. 下の＿＿＿＿＿線の言葉の正しい表現、または同じ意味のはたらきをしている
　　言葉を(A)から(D)の中で一つ選びなさい。

(101) ここに名前と住所を書いてください。

    (A) へや
    (B) なまえ
    (C) しめい
    (D) ばんごう

(102) それは後で調べてみます。

    (A) くさ
    (B) あに
    (C) きた
    (D) あと

(103) この島は小さくて地図にも載ってい
　　　ません。

    (A) え
    (B) ちず
    (C) くに
    (D) どうろ

(104) 部屋がとても散らかっているね。すぐ
　　　掃除しなさい。

    (A) そじ
    (B) そうじ
    (C) しょじ
    (D) しょうじ

(105) 頑張ったのに、試合に負けてしまい
　　　ました。

    (A) おけて
    (B) やけて
    (C) ふけて
    (D) まけて

(106) 今の状況ではそれは難しいと思う。

    (A) しょきょう
    (B) しょうきょう
    (C) じょきょう
    (D) じょうきょう

(107) そこまでは往復でどのぐらいかかり
　　　ますか。

    (A) おふく
    (B) おうふく
    (C) おほく
    (D) おうほく

(108) この料理はとてもからいです。

    (A) 熱い
    (B) 苦い
    (C) 辛い
    (D) 甘い

(109) デパートに行ってじょうぶなかばんを
　　　買いました。

    (A) 有利
    (B) 丈夫
    (C) 便利
    (D) 親切

(110) 彼は私の頼みにふまんそうな顔をした。

    (A) 自慢
    (B) 肥満
    (C) 不満
    (D) 未満

(111) 皆さん、ちょっと<u>静かにしてください</u>。

   (A) ゆっくり話してください

   (B) もう一度話してください

   (C) 歩きながら話さないでください

   (D) 今は話さないでください

(112) この店は<u>常に午前中しか開いていない</u>。

   (A) いつも昼だけ開いている

   (B) 朝から昼までしか開いていない

   (C) いつも朝から晩まで開いている

   (D) 朝から夕方までしか開いていない

(113) この本はあまり<u>面白くありません</u>。

   (A) やさしいです

   (B) つまらないです

   (C) むずかしいです

   (D) よみたくないです

(114) 先生、今日は私が<u>ご馳走します</u>。

   (A) 送ります

   (B) おごります

   (C) 料理します

   (D) 案内します

(115) 突然、<u>雨が降り出した</u>。

   (A) 雨が上がった

   (B) 雨が降り始めた

   (C) 雨が降ろうとした

   (D) 雨が降ったり止んだりした

(116) あのパン屋はいつも<u>焼き立てのパン</u>を売っている。

   (A) 焼きかけのパン

   (B) 焼いたままのパン

   (C) 焼き上がったばかりのパン

   (D) 焼いてから時間が経ったパン

(117) 雨の<u>ため</u>、試合は全部中止になってしまった。

   (A) 私は健康の<u>ため</u>、毎日運動をしている。

   (B) 大学に合格する<u>ため</u>、一生懸命勉強する。

   (C) 1時に到着する<u>ため</u>には今出発した方がいい。

   (D) 交通事故があった<u>ため</u>、道がすごく込んでいる。

(118) その薬なら<u>もう</u>飲みました。

   (A) 仕事は<u>もう</u>終わりましたか。

   (B) ビールを<u>もう</u>一杯お願いします。

   (C) あの人には<u>もう</u>会いたくありません。

   (D) 時間ですから、<u>もう</u>行かなければなりません。

(119) 二階の台所から変な臭いが<u>する</u>。

   (A) これは絶対私が<u>した</u>ことではない。

   (B) 朝寝坊を<u>して</u>学校に遅刻してしまった。

   (C) 隣の家から赤ちゃんの泣き声が<u>した</u>。

   (D) こうなってしまっては、私が<u>する</u>しかないだろう。

(120) 朝から寒かったので、<u>あつい</u>コートを着て出かけた。

   (A) 最近、毎日<u>あつい</u>日々が続いている。

   (B) 彼は<u>あつい</u>食べ物をよく食べられない。

   (C) 彼女はかばんから<u>あつい</u>本を取り出した。

   (D) これは業界からも<u>あつい</u>注目を浴びている。

VI. 下の＿＿＿＿＿線の(A)、(B)、(C)、(D)の言葉の中で正しくない言葉を一つ選びな
　　さい。

(121) 窓際にジーンズを着て赤いマフラーをしている人が鈴木さんです。
　　　　　　　(A)　　　　　　(B)　(C)　　　　　　(D)

(122) 狭い部屋に人々が大きくいてとても暑いです。
　　　(A)　　　(B)　　(C)　　　　　(D)

(123) 最近、忙しくて新聞を読む時間だけありません。
　　　　　(A)　　　　　(B)　　(C)　(D)

(124) 私の兄は今月から銀行で勤めています。
　　　(A)　(B)　　　(C)　　(D)

(125) 部屋がちょっと暗いですね。電気をついてください。
　　　　　(A)　(B)　　(C)　　　　(D)

(126) 4人でも同じ服に同じ帽子だったのでびっくりした。
　　　(A)　　(B)　　　(C)　　　(D)

(127) 夜遅く女性が自分で暗い道を歩くのは危ないから、気を付けてください。
　　　(A)　　　(B)　　　　　　(C)　　　　(D)

(128) 土曜の午後は送別会がありますから、時間を空いておいてください。
　　　(A)　　　　(B)　　　　　　　　(C)　　(D)

(129) こちらはサービス料が付きますので、多少高くなりますが、よろしかったでしょうか。
　　　(A)　　　　　(B)　　　　　(C)　　　　　(D)

(130) 昨日はとても疲れます。それで、家に帰ってすぐに寝ました。
　　　　　　　(A)　　(B)　　　　　　(C)　　　(D)

(131) みんなに一人<u>では</u>無理だと<u>言いました</u>が、<u>上手に</u>できて本当に<u>嬉しい</u>です。
             (A)   (B)   (C)   (D)

(132) 窓<u>から</u>遠<u>くに</u> <u>きれいな</u>山が<u>見せます</u>。
        (A)   (B) (C)   (D)

(133) 彼女は病気<u>に</u>一週間<u>も</u>会社<u>を</u>休ん<u>でいます</u>。
           (A)   (B)   (C)   (D)

(134) <u>この</u>薬は一日に<u>三回</u>、水<u>と</u>一緒に<u>食べて</u>ください。
    (A)   (B)   (C)   (D)

(135) 私は<u>暑い</u>の<u>時</u>にはいつも<u>冷たい</u>コーヒーを<u>飲んで</u>います。
       (A)   (B)   (C)   (D)

(136) 30分<u>ごろ</u> <u>待ち</u>ましたが、バスはなかなか <u>来ません</u>でした。
       (A) (B)   (C)   (D)

(137) 今週は色々なところを<u>たまに</u> <u>歩いた</u>ので、足が<u>いたい</u>です。
    (A)   (B)   (C)   (D)

(138) 急に <u>降り出した</u>雨のため、 <u>ひどい</u>風邪を<u>取りました</u>。
   (A)   (B)   (C)   (D)

(139) <u>買ってきた</u>ビールは冷蔵庫の<u>中</u>に入れて寒く<u>して</u><u>おいて</u>ください。
    (A)   (B)   (C)   (D)

(140) 調査<u>によると</u>、これらの事件は<u>同じな</u>人に<u>よる</u>ものである<u>という</u>。
     (A)   (B)   (C)   (D)

VII. 下の＿＿＿＿＿線に入る適当な言葉を(A)から(D)の中で一つ選びなさい。

(141) そこには＿＿＿＿＿と行くつもりですか。

    (A) いつ

    (B) だれ

    (C) どこ

    (D) どちら

(142) 私は月曜日＿＿＿＿＿水曜日に図書館で勉強します。

    (A) に

    (B) と

    (C) で

    (D) を

(143) すみません＿＿＿＿＿、この近くに銀行はありませんか。

    (A) が

    (B) に

    (C) ので

    (D) のに

(144) 彼はさしみ＿＿＿＿＿食べたがっています。

    (A) が

    (B) に

    (C) は

    (D) を

(145) その仕事ならぜひ私＿＿＿＿＿させてください。

    (A) が

    (B) へ

    (C) と

    (D) に

(146) ＿＿＿＿＿人は毎朝遅くても8時に会社に来ます。

    (A) あの

    (B) あちら

    (C) あんな

    (D) あんなに

(147) 昨夜、このホテル＿＿＿＿＿着いたばかりです。

    (A) に

    (B) が

    (C) へ

    (D) は

(148) 昨日、私はアメリカに住んでいる姉＿＿＿＿＿手紙をもらいました。

    (A) で

    (B) が

    (C) へ

    (D) から

(149) 彼は一カ月＿＿＿＿＿2回野球をします。

    (A) で

    (B) と

    (C) に

    (D) も

(150) 昨夜は＿＿＿＿＿寒くありませんでした。

    (A) とても

    (B) あまり

    (C) いつも

    (D) たくさん

(151) 明日は＿＿＿＿＿から、どこかへ遊びに行きませんか。

    (A) ひま

    (B) ひまな

    (C) ひまだ

    (D) ひまで

(152) このお菓子は＿＿＿＿＿美味しいです。

    (A) 安い

    (B) 安くて

    (C) 安いで

    (D) 安かったで

(153) ゲームがしたい人は________いいですよ。

    (A) して

    (B) する

    (C) した

    (D) しても

(154) 運動をしました。________シャワーを浴びました。

    (A) それでも

    (B) または

    (C) それから

    (D) それとも

(155) この機械は作る________10年もかかったそうだ。

    (A) ので

    (B) から

    (C) のに

    (D) こそ

(156) これからご飯を________ところです。

    (A) 食べる

    (B) 食べた

    (C) 食べよう

    (D) 食べている

(157) この靴の________に驚いてしまった。

    (A) かるい

    (B) かるく

    (C) かるさ

    (D) かるかった

(158) 明日、図書館が開いているか________知っていますか。

    (A) いつか

    (B) なにか

    (C) どこか

    (D) どうか

(159) 天気予報に＿＿＿＿＿と、今夜から雨が降るそうです。

    (A) なる

    (B) くる

    (C) よる

    (D) する

(160) テーブルの上には＿＿＿＿＿りんごが置いてあった。

    (A) おいしそうな

    (B) おいしいそうな

    (C) おいしような

    (D) おいしいような

(161) 家から出る時には「＿＿＿＿＿」と言います。

    (A) さようなら

    (B) こんにちは

    (C) いってきます

    (D) おやすみなさい

(162) 彼女は来年＿＿＿＿＿かもしれない。

    (A) 結婚する

    (B) 結婚した

    (C) 結婚して

    (D) 結婚しよう

(163) 一生懸命に練習したら、50メートル泳げる＿＿＿＿＿。

    (A) ようになった

    (B) そうになった

    (C) ものになった

    (D) ことになった

(164) そんな仕事、私一人では＿＿＿＿＿できないよ。

    (A) いきなり

    (B) ぜったいに

    (C) そうとう

    (D) それほど

(165) 「講演はもう始まりましたか」「いいえ、＿＿＿＿＿＿＿時間があります」

    (A) もう

    (B) まだ

    (C) よく

    (D) たまに

(166) そんなにテレビを＿＿＿＿＿＿＿続けていると、目が悪くなりますよ。

    (A) 見

    (B) 見て

    (C) 見る

    (D) 見た

(167) 試験中は他の人と絶対＿＿＿＿＿＿＿。

    (A) 話すかもしれない

    (B) 話してはいけない

    (C) 話してもかまわない

    (D) 話しても仕方がない

(168) 彼はとても日本語が上手で、まるで日本人＿＿＿＿＿＿＿。

    (A) ようだ

    (B) そうだ

    (C) らしい

    (D) みたいだ

(169) 死んだ＿＿＿＿＿＿＿でやれば、できないことでもないと思う。

    (A) わけ

    (B) はず

    (C) ところ

    (D) つもり

(170) 台所から変な臭いが＿＿＿＿＿＿＿。

    (A) します

    (B) きます

    (C) でます

    (D) なります

VIII. 下の文を読んで、後の問いにもっとも適した答えを(A)から(D)の中で一つ選びな
　　さい。

(171~174)

> 　　幼い子供なら誰でも好きなキャラクターがあるようだ。2歳の誕生日を迎えた
> ①＿＿＿＿の孫娘は、なぜか「アンコロマン」が大のお気に入りだ。理由は私もよくわ
> からないが、とにかく大好きなんだそうだ。先日、誕生祝いに自転車をプレゼントし
> ようと店に一緒に出かけたら、他の商品は全く見ず、まっすぐ「アンコロマン自転車」
> に走っていった。そんな元気な孫娘の後ろ姿を見ていると、数年前の大地震を思い出
> す。生まれてから1カ月後に起こったが、幸い命は助かった。しかし、当時は育児用
> 品が不足していたため、家族が②＿＿＿＿して必死で探しに走り回ったのが、まるで
> 昨日のことのようだ。これからも、何があるかわからない。両親の愛に包まれ、大好
> きなアンコロマンのように元気に育ってほしいと妻と二人心から願っている。

(171) 本文の内容からみて、①＿＿＿＿に入るもっとも適当な言葉は何ですか。

　　(A) ごろ
　　(B) しか
　　(C) ばかり
　　(D) ぐらい

(172) この人は自分の孫娘がアンコロマンが好きな理由についてどう思っていますか。

　　(A) 理由はよくわからない。
　　(B) 十分に納得できる。
　　(C) あり得ないことである。
　　(D) おかしいと言わざるを得ない

(173) この人は元気に育っている孫娘の後ろ姿を見て何を思い出しますか。

　　(A) 過去の自分を思い出す。
　　(B) 過去の自分の娘を思い出す。
　　(C) 何年か前にあった大地震を思い出す。
　　(D) 自分の好きなキャラクターを思い出す。

(174) 本文の内容からみて、②＿＿＿＿に入るもっとも適当な言葉は何ですか。

　　(A) 手当
　　(B) 手頃
　　(C) 手順
　　(D) 手分け

(175~177)

　先日、市立図書館に行った時のことです。雑誌を読んでいると、10人ほどの小学校低学年の生徒が先生と一緒に入ってきました。それを見て私は「①＿＿＿＿＿」と思って見ていました。②＿＿＿＿＿、生徒たちは騒がしくするどころか一言もしゃべらず、本を読んでいました。

　社会見学として来ていたようで、事前に先生から注意を受けてきたとは思いますが、騒ぎたい年齢の生徒たちが、公共の場所でマナーをよく守っていて感心しました。出ていく時に先生が、私たち一般の利用者に「お騒がせしました」と一言おっしゃったのも、印象がとてもよかったです。マナーを守った生徒たちや一般利用者に気を使ってくださった先生のおかげで、図書館で過ごした時間がより気持ちのよいものになりました。

(175) 本文の内容からみて、①＿＿＿＿＿に入るもっとも適当な文章は何ですか。

　　(A) きっと誰も本を読まないだろう

　　(B) きっとみんな本を読んでくれるのだろう

　　(C) きっと何もしないで静かにいるのだろう

　　(D) きっと騒がしくなって先生に叱られるのだろう

(176) 本文の内容からみて、②＿＿＿＿＿に入るもっとも適当な言葉は何ですか。

　　(A) そして

　　(B) しかし

　　(C) しかも

　　(D) すなわち

(177) この人は何に驚きましたか。

　　(A) 図書館に小さい子供がたくさんいたこと

　　(B) 小さい子供たちがみんな本を読まなかったこと

　　(C) 騒ぐ小さい子供たちに先生が何も叱らなかったこと

　　(D) 小さい子供たちが公共の場所でマナーをよく守っていたこと

(178~181)

少し前、アメリカの学校で銃の事件が起きました。これまでも銃によって亡くなった人はたくさんいます。ここまで被害が出ているのに、なぜ早く銃の①＿＿＿＿＿＿をしないのでしょうか。「②<u>すでに持っている人の銃をなくすのは大変</u>」「身を守るための銃を持っていない方がもっと危険」という意見もわからなくはないのですが、制限しなければまた銃で亡くなる人が出てしまいます。

私は幼い頃、アメリカに住んでいました。駐車場で車を降りてから建物まで歩いていくのは危険なので、建物の入り口の目の前で降ろしてもらっていた記憶があります。銃については、人の多いところに持ち込まないことにしたり、法律を変えたり、また試験的になくしていかなければならないと思います。銃を完全になくすのは大変ですが、何もしないよりはずっと良いのではないかと思います。

(178) 本文の内容からみて、①＿＿＿＿＿＿ に入るもっとも適当な言葉は何ですか。

(A) 活用
(B) 用意
(C) 文化
(D) 制限

(179) ②<u>すでに持っている人の銃をなくすのは大変</u>という意見についてこの人はどう思っていますか。

(A) 何とも言えない。
(B) ある程度は理解できる。
(C) どうしても納得できない。
(D) あまり考えたことがない。

(180) この人がアメリカで建物の入り口の目の前で降ろしてもらった理由は何ですか。

(A) 駐車場で誰かに話しかけられるのか嫌だったから
(B) 駐車場から建物まで歩くのがとても面倒だったから
(C) 駐車場より入り口の目の前で降りた方が買い物しやすいから
(D) 駐車場で車を降りてから建物まで歩いていくのは危険だから

(181) 本文の内容からみて、この人が考えていることではないものはどれですか。

(A) 銃に関する法律を変える。
(B) 銃を完全になくす。
(C) 試験的に銃をなくす。
(D) 銃を人の多いところに持ち込まない。

(182〜185)

> 　中学生の私①＿＿＿＿「土曜日は休みの日だ」、そういう感覚がある。世間では土曜授業を実施しようなどと言われているが、②私たちにとっては厳しいことだ。今まで休みだったのが、突然学校に行く日に変わるからだ。土曜日の授業をやりたいかと聞かれたら、すぐに「③＿＿＿＿」と答えてしまうだろう。しかし、実際によく考えてみると、土曜日の授業は有効なものになるかもしれない。学校では知識やその考え方についても学べる。だが、生きていく上で必要な力を育ててくれる学校は少ないのではないだろうか。その力は普通に授業を受けているだけでは身につかないだろう。そこで土曜日の授業の価値が生まれてくる。例えば、土曜日の授業には普段行えないような討論会や行事などを自分たちで準備するのはどうだろう。このようなことに土曜日を使えば、将来必要な力を身につける機会となり、非常に価値の高いものとなると思う。

(182) 本文の内容からみて、①＿＿＿＿に入るもっとも適当な表現は何ですか。

    (A) によって

    (B) にとって

    (C) につれて

    (D) にしたがって

(183) ②私たちにとっては厳しいことだの理由として正しいものはどれですか。

    (A) 土曜日がずっと休みになるから

    (B) 今まで休みだった日が学校に行く日に変わるから

    (C) 土曜日の授業が有効であると思っている人が少ないから

    (D) 価値のない土曜日の授業を受けなければならないから

(184) 本文の内容からみて、③＿＿＿＿に入るもっとも適当な表現は何ですか。

    (A) やりたい

    (B) やりたくない

    (C) やってもかまわない

    (D) 何とも言えない

(185) 土曜日の授業についてのこの人の考えと合っているものはどれですか。

    (A) あまり役立たないから止めてほしい。

    (B) もっと多くの知識を教えてほしい。

    (C) 平日の授業と同じ授業をやってほしい。

    (D) 普段行えない生きていく上で必要な授業をやってほしい。

　久しぶりに映画館に行った時のことだ。映画が始まる前にトイレに入り、①<u>またか</u>と思った。トイレのドアが内側に開くものだったのだ。洋式のトイレでは、ドアとの間が狭いと、太っている私は荷物も多いので、出たり行ったりに苦労する。お腹に赤ちゃんがいる女性はもっと大変だろう。内開きの方が邪魔にならないからだろうか。外に開くのは、私が知る限りでは病院ぐらいだった。点滴スタンドを押したまま入る人のことを考えると、なぜだろうかとも思ったが、トイレで倒れた場合、内開きのドアでは倒れた人がドアの邪魔になって、その分救助が遅れてしまうからだという。浴室のドアにも同じことが言えるそうだ。

　②＿＿＿＿＿、映画館などの場のトイレで倒れた人は、内開きのドアのために救助が遅れることを覚悟しなければならないのだろうか。施設の関係者の方々にぜひ教えていただきたい。

(186) ①<u>またか</u>が指しているものは何ですか。

    (A) 和式トイレが多いこと

    (B) 洋式トイレが狭いこと

    (C) トイレのドアが外開きになっていること

    (D) トイレのドアが内開きになっていること

(187) 病院のトイレのドアが外開きになっている理由は何ですか。

    (A) 外開きの方が邪魔にならないから

    (B) 点滴スタンドを押したまま入る人が多いから

    (C) 内開きは不便だという患者からの不満があったから

    (D) トイレで倒れた場合、内開きのドアでは救助が遅れてしまうから

(188) 本文の内容からみて、②＿＿＿＿＿に入るもっとも適当な言葉は何ですか。

    (A) では

    (B) そこで

    (C) もっとも

    (D) しかしながら

(189~192)

　先日、高校時代の友人たち6人と集まった。私たちは同じ高校の卒業生で、15〜18歳を一緒に過ごした仲だ。私にとって中学卒業から大学入学までの三年間、高校時代＝青春だった。年に数回、集まれる人が集まり、近況や昔話をしたりするが、太ったり、髪の様子が変わったりしても会って話し始めると、やはり学生時代の顔に戻る。若い頃は会社の話、中年になると子供の話、今や話の花は病気自慢だ。あとは学生時代の思い出や失敗談、会う①＿＿＿＿＿＿お互い似たような話題で笑い合う。

　いつもくだらない話ばかりしているが、たまには②＿＿＿＿＿＿を受けることもある。先日の飲み会の時、一人遅れてきた友人がいた。聞くと、ある博物館でボランティアのガイドをしているのだという。博物館とかボランティアとか結び付きそうもない友人だったので③びっくりした。もう一人の友人は日本100名山をあと四つで登り終えるのだという。60歳を間近にして気力をなくしていたが、同い年が頑張っている。ぼうっとしてはいられない。次は私が刺激を与えられるだろうか。

(189) 本文の内容からみて、①＿＿＿＿＿＿に入るもっとも適当な表現は何ですか。

 (A) とは

 (B) まえに

 (C) たびに

 (D) とはいえ

(190) 本文の内容からみて、②＿＿＿＿＿＿に入るもっとも適当な言葉は何ですか。

 (A) 不満

 (B) 夢中

 (C) 反対

 (D) 刺激

(191) ③びっくりしたの理由として正しいものはどれですか。

 (A) 自分も博物館によく行くから

 (B) 自分もボランティア活動をしているから

 (C) 昔から博物館が好きな友人だったから

 (D) 博物館やボランティアとはあまり関係のない友人だったから

(192) この人についての説明の中で、正しくないものはどれですか。

 (A) もうすぐ60歳を迎える。

 (B) 高校時代の友人と年に数回会っている。

 (C) 高校時代の友人の生き方はあまりよくないと思っている。

 (D) 最近は高校時代の友人と病気の話をする場合が多い。

　この冬、私は大学受験のため、何校か受験したのですが、受験料の高さには驚きました。私立大学の多くは1回当たり約3万5千円で、3回受験すると10万円を軽く超えてしまいます。この金額ではいくつも受けるのがためらわれますし、中には家庭の事情でいくつも受験できない人もいるでしょう。大学は運営資金のため、受験料を高額に設けているのかもしれません。しかし、①＿＿＿＿＿＿と私は思います。

　政権が交代し、現政府の教育②＿＿＿＿＿＿姿勢に期待する国民も多いです。例えば、家庭の年収によっては受験料を割引したり、補助金を出したりするなど、多くの学生がより質の良い教育を受けられる社会を目指すべきだと私は考えます。大学で学びたいと思っている学生はたくさんいます。こうした気持ちを大切にし、広くチャンスを与えてほしいです。

(193) この人は何に驚きましたか。

　　(A) 大学の多さ

　　(B) 大学受験料の高さ

　　(C) 何校も受験する学生の多さ

　　(D) 大学受験回数の多さ

(194) 本文の内容からみて、①＿＿＿＿＿＿に入るもっとも適当な文章は何ですか。

　　(A) 複数回受験できないようにするべきだ

　　(B) 大学の運営資金の確保なんかしなくてもいい

　　(C) もっと気軽に大学を受験できるようにするべきだ

　　(D) 受験料が高いからいくつも受ける学生を減らすべきだ

(195) 本文の内容からみて、②＿＿＿＿＿＿に入るもっとも適当な表現は何ですか。

　　(A) による

　　(B) に伴う

　　(C) に対する

　　(D) に即する

(196) この人の主張として正しいものはどれですか。

　　(A) 受験料の割引制度は現状では実現の可能性が低い。

　　(B) 政府は続けられてきた受験料の補助金を見直すべきだ。

　　(C) 何の役にも立たない受験料は一日も早くすべてなくすべきだ。

　　(D) 高い受験料を色々と工夫して多くの学生に機会を与えるべきだ。

(197~200)

　子供は親の①＿＿＿＿＿を吸収する。そんな話を母としていると、母が私の保育園時代の話を聞かせてくれた。私が通っていた保育園では、障害を持った子供も受け入れていて、中には人を叩くことでしか「好き」の気持ちを表せない子供もいた。そんな子に叩かれた時、叩かれた子供の反応は大きく二つに分かれたという。一つは、特に気にせず、②それを許そうとする反応。先生に優しく接するよう言われていて、それを実行している子供だ。二つ目は、叩かれるのを非常に嫌がったり怒ったりする反応。一見、単なる性格の差のように見えるかもしれないが、子供たちの親にもある特徴的な違いがあったという。許そうとする子供の親は、障害を持つ子供の受け入れに理解を示し、逆に怒ったりする子供の親は、障害を持つ子供の受け入れに批判的だったらしい。この親にしてこの子あり、親の言葉や態度が子供の性格にも影響していたようだと母は言う。子供は周囲のものをまねて、どんどん吸収する。そこに善悪の区別などはない。親は何を教え、どんな姿で子供に接するべきなのかを深く考えさせられた。

(197) 本文の内容からみて、①＿＿＿＿＿に入るもっとも適当な言葉は何ですか。

 (A) 努力

 (B) 便利

 (C) 言動

 (D) 助言

(198) ②それが指しているものはどれですか。

 (A) 叩かれたこと

 (B) 「好き」の気持ちを表せないこと

 (C) 障害を持っていること

 (D) 叩かれるのを嫌がること

(199) 許そうとする子供の親についての説明の中で、正しいものはどれですか。

 (A) 障害を持つ子供の受け入れに理解を示していた。

 (B) 障害を持つ子供の受け入れに非常に反対していた。

 (C) 障害を持つ子供の受け入れにあまり関心がなかった。

 (D) 障害を持つ子供の受け入れにどんな反応も見せなかった。

(200) この人の考えと合っているものはどれですか。

 (A) 子供はいつも善悪を考えて何かを吸収する。

 (B) 親の言動は子供の性格にはあまり影響を与えない。

 (C) 障害を持つ子供の受け入れにもっと積極的になってほしい。

 (D) 親は子供にどんな姿で接するべきなのかを深く考えて行動してほしい。

JPT 日本語能力試験

JAPANESE PROFICIENCY TEST

실전 모의고사

次の質問1番から質問100番までは聞き取りの問題です。

どの問題も一回しか言いませんから、よく聞いて答えを(A), (B), (C), (D)の中から一つ選びなさい。答えを選んだら、それにあたる答案用紙の記号を黒くぬりつぶしなさい。

Ⅰ．次の写真を見て、その内容に合っている表現を(A)から(D)の中で一つ選びなさい。

(例)

(A) ここは銀行です。

(B) ここは郵便局です。

(C) ここは病院です。

(D) ここは図書館です。

答　(A) (●) (C) (D)

(1)

(2)

次のページに続く

(3)

(4)

(5)

蔵前方面改札　1・2・3・4　↗

(6)

鯉・カメ等の生き物を
池へ放流しては
いけません
今までいる鯉がウイルスにより死滅する
恐れがあります
浅　草　寺

次のページに続く →

(7)

(8)

(9)

(10)

次のページに続く ⟹

(11)

(12)

(13)

(14)

次のページに続く

(15)

(16)

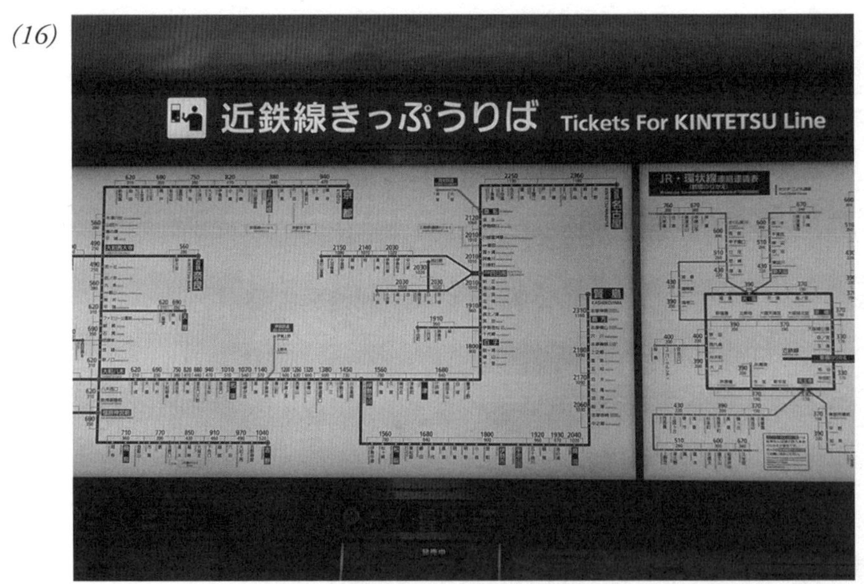

(17)

(18)

次のページに続く ⟶

(19)

(20)

174

II. 次の言葉の返事として、もっとも適したものを(A)から(D)の中で一つ選びなさい。

（例）明日は何をしますか。

    (A) 公園に行きました。
    (B) 金曜日です。
    (C) 運動をしました。
    (D) 友達の家に遊びに行きます。

(21) 答えを答案用紙に書き入れなさい。

(22) 答えを答案用紙に書き入れなさい。

(23) 答えを答案用紙に書き入れなさい。

(24) 答えを答案用紙に書き入れなさい。

(25) 答えを答案用紙に書き入れなさい。

(26) 答えを答案用紙に書き入れなさい。

(27) 答えを答案用紙に書き入れなさい。

(28) 答えを答案用紙に書き入れなさい。

(29) 答えを答案用紙に書き入れなさい。

(30) 答えを答案用紙に書き入れなさい。

(31) 答えを答案用紙に書き入れなさい。

(32) 答えを答案用紙に書き入れなさい。

(33) 答えを答案用紙に書き入れなさい。

(34) 答えを答案用紙に書き入れなさい。

(35) 答えを答案用紙に書き入れなさい。

(36) 答えを答案用紙に書き入れなさい。

(37) 答えを答案用紙に書き入れなさい。

(38) 答えを答案用紙に書き入れなさい。

(39) 答えを答案用紙に書き入れなさい。

(40) 答えを答案用紙に書き入れなさい。

(41) 答えを答案用紙に書き入れなさい。

(42) 答えを答案用紙に書き入れなさい。

(43) 答えを答案用紙に書き入れなさい。

(44) 答えを答案用紙に書き入れなさい。

(45) 答えを答案用紙に書き入れなさい。

(46) 答えを答案用紙に書き入れなさい。

(47) 答えを答案用紙に書き入れなさい。

(48) 答えを答案用紙に書き入れなさい。

(49) 答えを答案用紙に書き入れなさい。

(50) 答えを答案用紙に書き入れなさい。

次のページに続く ⟹

III. 次の会話をよく聞いて、後の問いにもっとも適したものを(A)から(D)の中で一つ
選びなさい。

(例) 女：昨日、友達の家に行きました。

男：何をしましたか。

女：音楽を聞いたり話したりしました。

男：そうですか。私は昨日家でテレビを見ました。

男の人は昨日何をしましたか。

(A) 音楽を聞いた。

(B) 友達と話した。

(C) 家でテレビを見た。

(D) 勉強をした。

(51) 女の人は男の人にいくら払いますか。

 (A) 920円
 (B) 930円
 (C) 940円
 (D) 950円

(52) 男の人は本をどうしますか。

 (A) 明日女の人に返す。
 (B) 明後日女の人に返す。
 (C) 明日中村君に渡す。
 (D) 明後日中村君に渡す。

(53) 女の人は朝何時頃会社に着きますか。

 (A) 8時頃
 (B) 8時30分頃
 (C) 8時55分頃
 (D) ちょうど9時

(54) 男の人はこれからどうしますか。

 (A) 昼まで寝る。
 (B) 一日中寝る。
 (C) 女の人と散歩に出かける。
 (D) 女の人とドライブに出かける。

(55) 女の人はこの会社で何年働いていますか。

 (A) 3年
 (B) 5年
 (C) 10年
 (D) 13年

(56) 女の人はどうして男の人が言っている
映画を見ませんでしたか。

 (A) 監督が気に入らないから
 (B) 内容が気に入らないから
 (C) 登場人物が気に入らないから
 (D) 一人で見に行くのは嫌だったから

(57) 女の人は何時間寝ましたか。

    (A) 2時間

    (B) 3時間

    (C) 4時間

    (D) 5時間

(58) 男の人についての説明の中で、正しいものはどれですか。

    (A) 男の人の趣味はジョギングである。

    (B) 男の人は海より山の方が好きだ。

    (C) 男の人は人物の写真は撮らない。

    (D) 男の人は写真を撮るのが苦手だ。

(59) 女の人についての説明の中で、正しくないものはどれですか。

    (A) 女の人は今回引っ越した。

    (B) 女の人が引っ越したアパートは会社から近くて便利だ。

    (C) 女の人が引っ越したアパートは前のアパートより狭い。

    (D) 女の人は引っ越してから通勤時間も短縮されたし、仕事の量も減った。

(60) 二人の会話の内容と合っているものはどれですか。

    (A) 女の人は工場に小包を送った。

    (B) 二人は服を輸入する仕事をしている。

    (C) 工場から届いた服はこの間話した服とは全然違う服だった。

    (D) 二人はこの間話した服がまだ届いていないので、苛々している。

(61) 男の人の子育てのやり方について正しいものはどれですか。

    (A) 子供ができるだけ自分の力で最後までするようにしている。

    (B) 子供が困った時はすぐ手伝ってあげるようにしている。

    (C) どんなことがあっても、絶対に手伝わないようにしている。

    (D) 足りないところがあっても、いつも褒めてあげるようにしている。

(62) 駅前の店は土曜日の何時まで営業しますか。

    (A) 7時

    (B) 8時

    (C) 9時

    (D) 10時

(63) 男の人はこれからどうしますか。

    (A) 女の人の電話を待つ。

    (B) 今日は電話をしない。

    (C) 20分後に女の人に電話をかける。

    (D) 30分後に女の人に電話をかける。

(64) 二人は明日どこで会いますか。

    (A) 本屋

    (B) レストラン

    (C) 駅

    (D) 公園

次のページに続く ⟹

(65) 二人の会話の内容と合っていないもの
　　 はどれですか。

　　 (A) 吉田さんは今入院している。
　　 (B) 吉田さんは足に怪我をした。
　　 (C) 吉田さんは今度の怪我で留学を諦
　　 　　 めるしかない。
　　 (D) 吉田さんは留学に行けなくなって
　　 　　 すごく落ち込んでいる。

(66) 二人の子供についての説明の中で、正
　　 しいものはどれですか。

　　 (A) 悪いことは全然気にしない。
　　 (B) 悪いことはすぐ忘れてしまう。
　　 (C) いいことばかり覚えようとする。
　　 (D) 悪いことをいつまでも根に持って
　　 　　 いる。

(67) 二人の考えと合っているものはどれで
　　 すか。

　　 (A) 安い物はいつもよく売れる。
　　 (B) 安い物の中にも品質がいい物が絶
　　 　　 対ある。
　　 (C) いくら品質がよくても高ければ売
　　 　　 れないに決まっている。
　　 (D) 品質がよくて長く使える物が売れ
　　 　　 るだろう。

(68) 男の人はどうしようと思っていますか。

　　 (A) 腐る前に魚を食べよう。
　　 (B) 早く魚を冷凍しておこう。
　　 (C) 肉と魚を一緒に食べよう。
　　 (D) 肉も魚も食べない方がいい。

(69) 女の人はこれからどうしますか。

　　 (A) 男の人と一緒に駅まで行く。
　　 (B) 男の人が帰るのを待つ。
　　 (C) 今男の人に話をする。
　　 (D) 貿易会社の担当者に会いに行く。

(70) 二人の会話の内容と合っているものは
　　 どれですか。

　　 (A) 隣の部屋は鍵がかかっていた。
　　 (B) 隣の部屋のドアは壊れていた。
　　 (C) 隣の部屋はドアを強く押さないと
　　 　　 開けにくい。
　　 (D) 隣の部屋は強く押してもドアが開
　　 　　 かなかった。

(71) ここはどこですか。

　　 (A) 銀行
　　 (B) 郵便局
　　 (C) 図書館
　　 (D) クリーニング屋

(72) 女の人はどうしましたか。

　　 (A) 足の指を怪我した。
　　 (B) 足を捻挫した。
　　 (C) 足に火傷をした。
　　 (D) 足の骨が折れた。

(73) 男の人についての説明の中で、正しく
　　 ないものはどれですか。

　　 (A) 眠そうな顔をしている。
　　 (B) 昨夜遅くまでお酒を飲んだ。
　　 (C) 今日の会議で発表することになっ
　　 　　 ている。
　　 (D) 体の状態から見て、今日の発表は
　　 　　 延期するしかない。

(74) 男の人はどうやって駅まで行きますか。

    (A) 一人で歩いていく。
    (B) 女の人の車に乗っていく。
    (C) 女の人の夫の車に乗っていく。
    (D) 女の人と一緒にバスに乗っていく。

(75) 旅行の相談はいつしますか。

    (A) 火曜日
    (B) 水曜日
    (C) 木曜日
    (D) 金曜日

(76) 女の人は午後何をしますか。

    (A) 新幹線の切符とホテル予約
    (B) 新幹線の切符と東京での電車の予約
    (C) ホテルと東京での電車の予約
    (D) 新幹線の切符と東京での食事の予約

(77) 男の人はどんなカレンダーを選びましたか。

    (A) 日ごとになっているカレンダー
    (B) 月ごとになっているカレンダー
    (C) 3カ月が1枚になっているカレンダー
    (D) 1年が1枚になっているカレンダー

(78) 女の人はどうしなければなりませんか。

    (A) バスに乗り換えなければならない。
    (B) タクシーに乗り換えなければならない。
    (C) 他の電車に乗り換えなければならない。
    (D) 1時になるまで電車を待たなければならない。

(79) 男の人についての説明の中で、正しいものはどれですか。

    (A) 近くのコンビニでお金を下ろすことにした。
    (B) 東京銀行にだけ寄ってすぐ戻るつもりだ。
    (C) 銀行だけではなく、郵便局にも用事がある。
    (D) 東京銀行は遠くてあまり行きたくないと思っている。

(80) 二人の会話と合っているものはどれですか。

    (A) 営業車の代わりの車を借りる。
    (B) 営業車は定期点検を受けなくてもいい。
    (C) 営業車はもう定期点検の時期が過ぎてしまった。
    (D) 定期点検を受けるためには直接業者のところに行かなければならない。

次のページに続く ➡

IV. 次の文章をよく聞いて、後の問いにもっとも適したものを(A)から(D)の中で一つ
選びなさい。

(例) ご来店のお客様にお知らせを申し上げます。千代田区からお越しの鈴木様、
鈴木様、至急1階の案内デスクまでお越しくださいませ。続きまして、お客
様のお呼び出しを申し上げます。大阪からお越しの山田様、山田様、お連れ
様がお待ちですので、2階の婦人服売り場までお越しください。

(1) ここはどこですか。

(A) デパート

(B) 図書館

(C) 病院

(D) コンビニ

(2) 山田さんはどうすればいいですか。

(A) 自宅に電話する。

(B) 2階に行く。

(C) 鈴木さんに電話する。

(D) 大阪に行く。

(81) この人のカフェはいつ営業しますか。
(A) 平日の夕方だけ
(B) 週末のランチタイムだけ
(C) 金曜日と土曜日の夕方だけ
(D) 金曜日と土曜日のランチタイムだけ

(82) この人のカフェはオープンして1カ月
でどうなりましたか。
(A) ほとんど人が来なかった。
(B) 思っていた人だけが来た。
(C) 思ったより来た人が少なかった。
(D) 思ったより多くの人たちが来た。

(83) この人のカフェの壁には何がかけてあ
りますか。
(A) 次男と描いた絵の作品
(B) 自分で描いた絵の作品
(C) 次男が撮った風景写真
(D) 友人からもらった大きな絵

(84) 絵葉書を売って稼いだお金はどうしま
したか。
(A) 全部使った。
(B) 全部人にあげた。
(C) 全部貯金しておいた。
(D) 全部次男に渡した。

(85) この人はどうして大人の人に敬語を使
うようにしていますか。

- (A) 敬語の面白さがわかったから
- (B) 敬語の使わない人が多くなってき
たから
- (C) 前からていねいな言葉を使うのが
好きだったから
- (D) 父から敬語を使うと心が美しくな
ると言われたから

(86) この人が学校で敬語を使うのが難しい
理由は何ですか。

- (A) 敬語についてあまり知らないから
- (B) 先生に敬語を使わない子供がほと
んどだから
- (C) 先生に敬語は使わないでほしいと
言われたから
- (D) 親しいのに敬語を使うのはおかし
いと思ったから

(87) この人が友達の家に電話した時、どう
でしたか。

- (A) 特別に何もなかった。
- (B) 子供らしくないと言われた。
- (C) みんなにおかしいと笑われた。
- (D) 友達の母親に礼儀正しいと褒めら
れた。

(88) この人が考える敬語とは何ですか。

- (A) 人の心を表す鏡
- (B) 大人の人に対する尊敬
- (C) あまり使いたくない言葉
- (D) 日常ではあまり役に立たないもの

(89) この人が電子マネーを使い始めた理由
として正しいものはどれですか。

- (A) 社会での人気
- (B) いろいろな形
- (C) 使いやすさと便利さ
- (D) 金額のわかりやすさ

(90) この人は何が心配だと言っていますか。

- (A) 電子マネーの使用で募金箱がなく
なったこと
- (B) 電子マネーの使用でお釣りが出な
くなったこと
- (C) 電子マネーの使用で寄付の機会が
減ったこと
- (D) 電子マネーの使用でコンビニの客
が減ったこと

(91) この人が言いたいこととして正しいも
のはどれですか。

- (A) 電子マネーの使用は一日も早く止
めてもらいたい。
- (B) 電子マネーの長所をもっと多くの
人に知ってもらいたい。
- (C) 電子マネーの長所だけではなく、
短所も知りたい。
- (D) 電子マネーを使いながら簡単に寄
付できる方法を知りたい。

次のページに続く ⟹

(92) この人が言っている一人の旅について
の説明の中で、正しくないものはどれ
ですか。

(A) この人は幼い時から一人で旅する
ことに憧れていた。

(B) この人の兄たち3人も一人で旅し
た経験がある。

(C) この人の兄たち3人は違う場所を
一人で旅した。

(D) この人は高校最後の夏に北海道を
一人で旅した。

(93) この人が泊まるところをゲストハウス
に決めた理由は何ですか。

(A) 他に泊まるところがなかったから

(B) 普通のホテルより料金が安いから

(C) ホテルの雰囲気があまり好きでは
ないから

(D) その土地の人や旅行者と交流した
かったから

(94) この人がゲストハウスで会った人では
ない人は誰ですか。

(A) 京都からバイクで旅する人

(B) 一人で日本中を旅するアメリカ人

(C) 日本中で風景写真を撮るアメリカ人

(D) 国内外を旅していろんな人たちと
交流してきた人

(95) 列車の事故はいつどこで起こりましたか。

(A) 学校に行く途中の駅

(B) 学校に行く途中の道路

(C) 帰宅途中の高校の近くにある駅

(D) 帰宅途中の高校の近くにある道路

(96) この人の友達は事故についてどう思い
ましたか。

(A) 迷惑だと思った。

(B) かわいそうだと思った。

(C) 別に何の関心もなかった。

(D) 起きて当たり前だと思った。

(97) この人はどうして友達の言葉に思いや
りがないと思いましたか。

(A) 友達が他の人に色々と迷惑をかけ
たから

(B) 友達もそんな事故に遭うかもしれ
ないと思ったから

(C) 事故には原因があったことを知り
ながらも無視し続けたから

(D) ただ自分の都合だけでそう言って
いるように思えたから

(98) この人は家に帰ってパンフレットを眺めているうちに何に気が付きましたか。

    (A) 思ったよりきれいで立派なパンフレットが多いこと

    (B) あまり内容もなく、ただ派手なパンフレットが多いこと

    (C) 多くの市民が興味を持っているパンフレットが多いこと

    (D) どんなパンフレットも数分後にはごみになってしまうこと

(99) この人が提案したいのは何ですか。

    (A) パンフレットの縮小化

    (B) パンフレットの拡大化

    (C) パンフレットの電子化

    (D) パンフレットの郵送化

(100) この人は紙でパンフレットが見たい人にはどうすればいいと言っていますか。

    (A) 市がその人だけ別に送ってあげればいい。

    (B) 電子化したものをプリントして見ればいい。

    (C) 市に団体で申し込んで送ってもらえばいい。

    (D) 前もって申し込んでから取りに来ればいい。

これで聞き取りの問題は終わります。

それでは、次の質問101番から質問200番までの問題に答えなさい。

答案用紙に書き込む要領は聞き取りの場合と同じです。

Ⅴ. 下の＿＿＿＿＿線の言葉の正しい表現、または同じ意味のはたらきをしている
言葉を(A)から(D)の中で一つ選びなさい。

(101) 明日は一人で<u>来ます</u>か。

    (A) きます

    (B) ふります

    (C) いきます

    (D) のります

(102) 外で何か変な<u>音</u>がしませんか。

    (A) せ

    (B) おと

    (C) よこ

    (D) ちち

(103) 昨日、日本から<u>帰国</u>したばかりです。

    (A) きこく

    (B) ぎごく

    (C) しこく

    (D) しごく

(104) 大勢の人が横断<u>歩道</u>を渡っています。

    (A) ほどう

    (B) ほうどう

    (C) ふどう

    (D) ふうどう

(105) この薬はとても<u>苦くて</u>飲みにくいです。

    (A) にがくて

    (B) くるしくて

    (C) あまくて

    (D) からくて

(106) 最近、仕事の<u>調子</u>はどうですか。

    (A) ちょうし

    (B) ちょおし

    (C) じょうし

    (D) じょおし

(107) 観客はみんなその選手を<u>拍手</u>で迎えた。

    (A) ひなん

    (B) はくしゅ

    (C) かんげい

    (D) おうえん

(108) 今日はこのへんで仕事を<u>やめて</u>帰り
ましょう。

    (A) 辞めて

    (B) 休めて

    (C) 終めて

    (D) 止めて

(109) 父は私と彼の結婚を<u>はんたい</u>している。

    (A) 反対

    (B) 相対

    (C) 反省

    (D) 判断

(110) お酒の飲みすぎには<u>つねに</u>気を付け
ています。

    (A) 特に

    (B) 常に

    (C) 先に

    (D) 急に

(111) この話は絶対彼女に言ってはいけない。

   (A) 言ってもいい
   (B) 言ってはだめだ
   (C) 言ってもかまわない
   (D) 言った方がよさそうだ

(112) 彼の机の上には花か写真かが飾って
ある。

   (A) 花の写真
   (B) 花の写真も
   (C) 花や写真など
   (D) 花の写真だけ

(113) 昨日の試験は思ったほど難しくあり
ませんでした。

   (A) こんなに
   (B) そんなに
   (C) あんなに
   (D) どんなに

(114) オリンピックは4年ごとにおこなわれ
ます。

   (A) あかれます
   (B) ひらかれます
   (C) はこばれます
   (D) たたかれます

(115) まもなく1番乗り場に電車がまいります。

   (A) さすが
   (B) まったく
   (C) もうすぐ
   (D) いちおう

(116) この本は先生に貸していただいたも
のだ。

   (A) 先生に返した
   (B) 先生にさしあげた
   (C) 先生が貸してくださった
   (D) 先生に貸してさしあげた

(117) この色はあまり好きではない。

   (A) 彼は友達にあまり不満を言わない。
   (B) 昨日の会議には10人あまり出席
した。
   (C) あまりにも美味しかったので、
全部食べてしまった。
   (D) 彼の歌があまりにも素晴らしかっ
たので、驚いてしまった。

(118) やると言った以上は、最後まで頑張
ります。

   (A) 弟の宿題を手伝ってやった。
   (B) この仕事はあなたがやってほしい。
   (C) 子供に紙で船を作ってやった。
   (D) 花に水をやるのを忘れないでく
ださい。

(119) 子供がやりたいようにさせるのもた
まにはいい。

   (A) 旅行はつらい現実を忘れさせて
くれる。
   (B) 彼にこの仕事を続けさせること
はできない。
   (C) それでは、お先に食べさせてい
ただきます。
   (D) 彼の考えがあると思いますから、
自由にさせてください。

(120) 山口さんとは趣味があって、話すの
が楽しい。

   (A) お互いの意見があって、会議が
早く終わった。
   (B) 彼と目があって、顔が赤くなっ
てしまった。
   (C) このチーズはワインにあって、
とてもおいしい。
   (D) 最後の問題の答えがあった人は
いなかった。

VI. 下の＿＿＿＿＿線の(A)、(B)、(C)、(D)の言葉の中で正しくない言葉を一つ選び
　　なさい。

(121) 昨日<u>は</u>久しぶりに友人<u>に</u>会って、<u>色々な話</u>を<u>みた</u>。
　　　　　(A)　　　　　　　　　　　(B)　　　　　(C)　　　　(D)

(122) これ、<u>ちょうど</u><u>大きい</u>ですね。<u>もう少し</u>小さい<u>サイズ</u>はありませんか。
　　　　　　　(A)　　　(B)　　　　　　(C)　　　　　(D)

(123) <u>ここの花</u>はきれいだと<u>聞きました</u>が、<u>実際に</u>見るとあまり<u>きれいでした</u>。
　　　　　(A)　　　　　　　　　(B)　　　　　(C)　　　　　　　　(D)

(124) <u>あれの</u>レストランは美味しいと<u>噂なので</u>、土曜日<u>に</u>行って<u>みよう</u>と思っています。
　　　　　(A)　　　　　　　　　　　　(B)　　　　　(C)　　　(D)

(125) 私は<u>いつも</u>バス<u>を</u>乗って会社に行きますが、昨日は雨が<u>降って</u>タクシー<u>で</u>
　　　　　　(A)　　　(B)　　　　　　　　　　　　　　　(C)　　　　　　　(D)
　行きました。

(126) 4月になってから<u>暖かい</u><u>日々</u>が<u>続けています</u>。
　　　　　　　　　　(A)　　　(B)　(C)　　　(D)

(127) <u>こんなに</u><u>美味しいな</u>料理は生まれて<u>初めて</u><u>食べました</u>。
　　　　(A)　　　　　(B)　　　　　　　　　(C)　　　(D)

(128) <u>今から</u>デパートに<u>行こう</u>と思っていますが、<u>買うたい</u>物が<u>あったら</u>言ってください。
　　　　(A)　　　　　　(B)　　　　　　　　　　(C)　　　　(D)

(129) <u>重そう</u>ですね。<u>よかったら</u>私が<u>まち</u>ましょうか。
　　　　(A)　　　　　(B)　　　　(C)　　　(D)

(130) 時々、鈴木さん<u>と</u>お酒を<u>飲み</u>に<u>行く</u><u>もの</u>があります。
　　　　　　　　　　(A)　　　　(B)　　　(C)　　(D)

(131) 先月から毎週金曜日に日本語を習っています。もう新しい単語を100も覚えます。
      (A)   (B)   (C)   (D)

(132) 今風邪を引いていますから、ここでたばこを吸っていないでください。
      (A)   (B)   (C)   (D)

(133) 天気予報では、今日は一日中雨が降るという。それとも、傘を持って会社に
      (A)   (B)   (C)   (D)
行くつもりだ。

(134) 休日には釣りに行ったり子供と遊園地に行ったりなりながら過ごした。
  (A)   (B)   (C)   (D)

(135) もうすぐ会議が始まる時間なのに、まだメンバーが全員来ないで会議を
      (A)   (B)   (C)
始められない。
   (D)

(136) 集合時間に遅れないようで、いつもよりちょっと早めに家から出た。
  (A)   (B)   (C)   (D)

(137) 車とタクシーと電車の中で、どちらがそこに一番早く着きますか。
    (A)   (B) (C)   (D)

(138) 宿題のために必要だと言われたので、私は鈴木さんに英語の本を貸してくれました。
      (A)   (B)   (C)   (D)

(139) それは高校時代の授業で習ったことだけど、今は全体忘れてしまった。
      (A)   (B)   (C)   (D)

(140) 電気製品を買いたいんですか。電気製品を買うとこの店が安いですよ。
      (A)   (B)   (C)   (D)

PART 1 PART 2 PART 3 PART 4 PART 5 PART 6 PART 7 PART 8

VII. 下の＿＿＿＿＿線に入る適当な言葉を(A)から(D)の中で一つ選びなさい。

(141) ＿＿＿＿＿は子供のための本です。

    (A) この
    (B) これ
    (C) こんな
    (D) こんなに

(142) 昨日、外国の友達＿＿＿＿＿手紙が届きました。

    (A) へ
    (B) は
    (C) まで
    (D) から

(143) 今朝は昨日の朝＿＿＿＿＿寒いですね。

    (A) から
    (B) より
    (C) さえ
    (D) こそ

(144) まだ時間はありますから、あそこで雑誌＿＿＿＿＿読んで待ちましょうか。

    (A) はも
    (B) とも
    (C) にも
    (D) でも

(145) 彼女が嘘をついた＿＿＿＿＿信じたくない。

    (A) なんて
    (B) ところ
    (C) とき
    (D) ならば

(146) 彼女は＿＿＿＿＿食べてもあまり太りません。

    (A) つい
    (B) もっと
    (C) いくら
    (D) たまたま

(147) 彼女はピアノを＿＿＿＿＿＿弾きます。

    (A) 上手

    (B) 上手な

    (C) 上手で

    (D) 上手に

(148) 靴を買う時は、一度はいて＿＿＿＿＿＿買ってください。

    (A) みてから

    (B) してから

    (C) きてから

    (D) なってから

(149) おにぎりを食べましたが、＿＿＿＿＿＿美味しくはありませんでした。

    (A) こんなに

    (B) そんなに

    (C) あんなに

    (D) どんなに

(150) 私の名前はおじいさんが付けて＿＿＿＿＿＿ものです。

    (A) やった

    (B) あげた

    (C) くれた

    (D) もらった

(151) 冷めて＿＿＿＿＿＿前にさっさと食べてください。

    (A) しまい

    (B) しまう

    (C) しまった

    (D) しもおう

(152) 先生に授業が終わってから研究室に来る＿＿＿＿＿＿と言われました。

    (A) ように

    (B) ために

    (C) ものに

    (D) だけに

(153) ちょうど9時になりました。＿＿＿＿＿＿試験を始めます。

    (A) しかし

    (B) それに

    (C) しかも

    (D) それでは

(154) 隣に高いビルが＿＿＿＿＿＿、部屋が暗くなった。

    (A) 建てて

    (B) 建ったと

    (C) 建たせて

    (D) 建たれて

(155) あそこから鳥が鳴いている＿＿＿＿＿＿が聞こえます。

    (A) の

    (B) こと

    (C) もの

    (D) わけ

(156) 彼女は時間＿＿＿＿＿＿うるさいから、早く行きましょう。

    (A) で

    (B) が

    (C) に

    (D) から

(157) 君が参加＿＿＿＿＿＿なら、私も参加したい。

    (A) し

    (B) する

    (C) した

    (D) しよう

(158) その都市の人口は毎年1万人＿＿＿＿＿＿増えているそうだ。

    (A) のみ

    (B) ずつ

    (C) だけ

    (D) すら

(159) 夏になると、海に泳ぎに＿＿＿＿＿＿します。

    (A) 行き

    (B) 行って

    (C) 行ったら

    (D) 行ったり

(160) 入りたかった大学に合格できてとても＿＿＿＿＿＿です。

    (A) たのしい

    (B) さびしい

    (C) うれしい

    (D) かなしい

(161) 彼女の言い方はとても＿＿＿＿＿＿が立ちます。

    (A) 口

    (B) 手

    (C) 腹

    (D) 頭

(162) ＿＿＿＿＿＿行ったのに、デパートは定休日でした。

    (A) たぶん

    (B) ろくに

    (C) せっかく

    (D) ひじょうに

(163) 暗くなったので、＿＿＿＿＿＿出発しましょうか。

    (A) きらきら

    (B) そろそろ

    (C) にこにこ

    (D) ごろごろ

(164) この頃だいぶ寒くなって＿＿＿＿＿＿。

    (A) しました

    (B) きました

    (C) いきました

    (D) なりました

(165) _________ 人は暑さに弱いそうだ。

    (A) ふとい

    (B) ふとる

    (C) ふとかった

    (D) ふとっている

(166) _________ ながらたばこを吸ってはいけない。

    (A) 歩き

    (B) 歩く

    (C) 歩いた

    (D) 歩こう

(167) 「飲み物はもう買いましたか」「はい、買って_________」

    (A) します

    (B) います

    (C) あります

    (D) なります

(168) 中村先生なら、もうすぐ_________になると思いますが。

    (A) ご覧

    (B) 拝見

    (C) ご存じ

    (D) おいで

(169) あまり時間がないから、簡単なもので_________。

    (A) しましょう

    (B) きりましょう

    (C) すみましょう

    (D) すませましょう

(170) この家は_________もあるので、買うことにした。

    (A) ベランダ

    (B) ハンドル

    (C) ガソリン

    (D) ロケット

VIII. 下の文を読んで、後の問いにもっとも適した答えを(A)から(D)の中で一つ選び
なさい。

(171~174)

私は1週間、お皿洗いや料理、お風呂掃除などのお手伝いをしました。お風呂掃除
は、一人で10分ぐらいしました。床の汚れを取るのが大変でした。だけど、洗って
から入ると、自分で洗ったので何だかいい気持ちがしました。朝ご飯のたまご焼き
は作るのが思ったより難しくて大変でした。①＿＿＿＿＿＿、みんなに食べてもらったら
「美味しい」と言ってくれたので、嬉しかったです。お皿洗いは、お兄ちゃんとしまし
た。私は水でお皿を洗い、お兄ちゃんは私が洗ったお皿を機械に入れました。特に難
しかったのは、お皿に汚れを残さないようにきれいにすることでした。お母さんやお
父さんは、毎日、ご飯の支度やお風呂掃除で大変だと思います。これからも毎日自分
から両親の手伝いをしたいです。

(171) この人はお風呂掃除をする時、何が大変でしたか。

    (A) 床が滑りやすいこと

    (B) 床の汚れを取ること

    (C) 一人で掃除をすること

    (D) 道具が足りなかったこと

(172) 本文の内容からみて、①＿＿＿＿＿＿に入るもっとも適当な言葉は何ですか。

    (A) でも

    (B) そして

    (C) ところで

    (D) だから

(173) この人は何が嬉しかったですか。

    (A) 朝ご飯を全部一人で作ったこと

    (B) 母が美味しい料理を作ってくれたこと

    (C) 誰の助けもなく一人でお皿洗いをしたこと

    (D) 家族が自分で作った料理が美味しいと言ってくれたこと

(174) この人はお皿洗いをする時、何が難しかったですか。

    (A) お皿の量が多すぎること

    (B) お皿を機械に入れること

    (C) 一人で全部お皿洗いをすること

    (D) お皿に汚れを残さないようにきれいにすること

(175～178)

> 　高校生になって中学の時と変わったことの一つに通学路があります。1年前入学し
> たばかりの頃は少し緊張しながらも、新鮮な気持ちで通っていました。そんな通学路
> で時々、①＿＿＿＿＿ほほえんでしまう場面があります。横断歩道には毎日交通安全の
> ために旗を振る人がいて、通学中の小学生たちがその横を渡ります。ここまでは私も
> 同じです。②＿＿＿＿＿、小学生たちは道路を渡り終えると、旗振りの人に向かって大
> きな声で一言、「ありがとうございました!」私はその声にちょっと心が温かくなりま
> した。素敵な小学生だなと。小学生の頃、私は旗振りの仕事を普通だと思っていたの
> で、少し恥ずかしくなりました。そんな私を温かな気持ちにしてくれた小学生たちに
> お礼を言いたいです。「いつもありがとう。これからもその習慣は大切にね」私自身
> も感謝の気持ちやあいさつを忘れず、また新学期から頑張っていこうと思います。

(175) 本文の内容からみて、①＿＿＿＿＿に入るもっとも適当な言葉は何ですか。

    (A) 思わず

    (B) じょじょに

    (C) とつぜん

    (D) まえもって

(176) 本文の内容からみて、②＿＿＿＿＿に入るもっとも適当な言葉は何ですか。

    (A) さて

    (B) しかし

    (C) それから

    (D) ちなみに

(177) この人はどうして少し恥ずかしくなりましたか。

    (A) 一度も旗振りをやったことがないから

    (B) 小学生の頃は旗振りがやりたくなかったから

    (C) 小学生の頃は旗振りの人を普通だと思ったから

    (D) 小学生の頃は旗振りの人に小さい声でお礼を言ったから

(178) この人はどうして小学生たちにお礼を言いたいと思いましたか。

    (A) いつも自分にあいさつをしてくれたから

    (B) いつもきれいに並んで通学路を渡ったから

    (C) 自分を温かな気持ちにしてくれたから

    (D) 自分があいさつをすると小学生たちも気持ちよくあいさつをしたから

(179~181)

> 　大学生の息子は、卒業する前に就職活動を始めた①＿＿＿＿＿、「今の僕はまだ正社員として働くことは難しい。まずはアルバイトから始めたい」とアルバイトを探して働き始めた。しかし、仕事に慣れなくて結局長くは続かなかった。息子は小学5年の時に受けたいじめが原因で、他人に心を閉ざすようになってしまった。夫と私は嫌がる息子に学校に行くことを強く勧めたが、それが息子にとって一番よかったのかは、よくわからない。それでも親として、これからのことを考えなければいけないと思って息子とゆっくり話し合ったり関連機関に相談をしたりしたが、まだ答えは見つかっていない。今の状況を一番不安に思っているのは息子だと思う。精神的に不安定になっている息子をさらに追いつめないよう、今はただそっと見ているしかないと思っている。

(179) 本文の内容からみて、①＿＿＿＿＿に入るもっとも適当な表現は何ですか。

    (A) きり

    (B) まま

    (C) けれども

    (D) ばかり

(180) この人の息子はどうして他人に心を閉ざすようになってしまいましたか。

    (A) 仕事に慣れなかったから

    (B) 小学生の時いじめを受けたから

    (C) 両親が学校に行くことを強く勧めたから

    (D) 就職活動がうまくいかなかったから

(181) 今、この人は息子についてどう思っていますか。

    (A) 両親の話をよく聞いた方がいいと思っている。

    (B) ただそっと見ているしかないと思っている。

    (C) 他人に心を閉ざすのは当たり前だと思っている。

    (D) もっと積極的に就職活動をしてほしいと思っている。

(182~185)

　私は今月高校を卒業し、4月から新たな道へ進む。もともと私には救急救命士になるという大きな夢があって、これからは生まれ育った町を離れ、北海道の専門学校へ入学し、勉強する予定だ。北海道は私にとっては慣れない土地ではあるが、夢を叶えるために集まった同じ学科の仲間たちと毎日努力して学んでいきたい。世界に二つとない大切な命を救うこの仕事では①________。勉強や実習をこれまで以上に何倍も頑張らないと夢は叶わないだろう。合格通知を受け取った瞬間からそう強く思っている。

　3年後、救急救命士の国家試験に合格できるように今からしっかり学んで、特に実習活動は積極的に頑張りたい。また、これまでのようなわがままをなくして、大変でも自分に厳しく、きちんとした生活を送ろうと考えている。「②________」この言葉をいつも大切にしながら努力していきたい。

(182) この人が北海道の専門学校へ入学した理由は何ですか。

 (A) 救急救命士になりたかったから

 (B) 両親や友達から勧められたから

 (C) 特に行きたい学校がなかったから

 (D) 親を離れて一人で生活してみたかったから

(183) 本文の内容からみて、①________に入るもっとも適当な文章は何ですか。

 (A) ミスしても仕方がない

 (B) ミスは決して許されない

 (C) ミスをしないと成長できない

 (D) ある程度のミスは大丈夫だ

(184) この人が救急救命士の国家試験に合格するためにしようとしていることではないものはどれですか。

 (A) 自分に厳しくする。

 (B) きちんとした生活を送る。

 (C) これまでのようなわがままをなくす。

 (D) 過去の問題を徹底的に調べる。

(185) 本文の内容からみて、②________に入るもっとも適当な表現は何ですか。

 (A) すずめの涙

 (B) 急がば回れ

 (C) 努力は必ず報われる

 (D) 一寸の虫にも五分の魂

(186~188)

> 　私の高校は校則がとても厳しい。制服や髪の他にもたくさん禁止していることがあり、毎日、自由のない生活を送っている。先生は教室に入ってくると、生徒の顔よりまず制服からチェックするのだ。そして一言「女子、スカートが短い。あと、男子、ネクタイちゃんとしろ」さらに髪に関してはもっと厳しい。髪の色をわざと変えているのなら、①＿＿＿＿＿＿、少しセットする程度は許されてもいいのではないだろうか。しかし、それでもすぐに怒られる。何がだめで、何が許されるのかさっぱりわからない。このように私の高校の生徒は先生に厳しくチェックされながら生活している。校則はただ生徒を苦しめるだけのものだ。校則なんて全く無くしてしまって、自由に生きたいと思う。生徒の意見をもっと聞いてほしい。そうすれば楽しく高校に通えるのに……。

(186) この人が毎日、自由のない高校生活を送っている理由は何ですか。

 (A) 授業が多すぎるから

 (B) 校則がとても厳しいから

 (C) 学校の友達がいないから

 (D) もうすぐ受験の準備をするから

(187) 本文の内容からみて、①＿＿＿＿＿＿に入るもっとも適当な文章は何ですか。

 (A) 注意されるわけがないが

 (B) 注意されることは全くないが

 (C) 注意されるのはおかしいが

 (D) 注意されるかもしれないが

(188) この人の考えとして正しいものはどれですか。

 (A) 厳しい校則から自由になりたい。

 (B) 学校生活において校則は必ず必要だ。

 (C) 学校での生活が毎日楽しくてしょうがない。

 (D) 校則をもとにして指導している先生側の立場は十分に納得できる。

　洗い物をする時、油がついた鍋や皿は新聞紙で汚れを取ってから洗うと洗いやすい。①＿＿＿＿＿、先日新聞にあった「汚れを先に取れば水の汚れは少なくなるが、その紙をごみとして燃やせば、空気が汚れるし紙資源の無駄になるではないか」という②<u>女子高生の意見</u>には、なるほどとも思った。③＿＿＿＿＿、リサイクルに出すプラスチック類はしっかり洗って出すことが大切だという意見もある。それには大量の水を使う。東京都の場合、きれいにした水を各家庭に送るために、1リットル当たり約0.5ワットの電気が使われているという。その後、使った水は下水処理されるが、その際にも電気を使う。現在、発電のかなりの部分を火力発電が占めるが、それは大気中に二酸化炭素を出すため、地球温暖化の一因にもなる。何が本当のエコなのか。水と空気と電気……。節電、節水、ごみのリサイクルなど、自然環境を守るにはもっとトータルに考えなければならないと強く思う。

(189) 本文の内容からみて、①＿＿＿＿＿に入るもっとも適当な言葉は何ですか。

(A) さて

(B) なお

(C) しかし

(D) それから

(190) ②<u>女子高校生の意見</u>とはどんな内容ですか。

(A) 洗い物をする時、果たして水以外に活用できるものはないのだろうか。

(B) 油がついた鍋や皿は新聞紙で汚れを取ってから洗うのが一番である。

(C) 油がついた鍋や皿を紙で汚れを取れば大気汚染や紙資源の無駄になり得る。

(D) 油がついた鍋や皿はただ水で洗うのが一番効率的で資源の節約になるのではないだろうか。

(191) 本文の内容からみて、③＿＿＿＿＿に入るもっとも適当な表現は何ですか。

(A) 一方

(B) 思ったとおり

(C) よりによって

(D) それにもとづいて

(192) この人の主張として正しいものはどれですか。

(A) 環境を考える前に何が節約できるのかを考えよう。

(B) 何が本当にエコなのか総合的に考える必要がある。

(C) 電気の節約は水の節約に繋がるから、使わない電気は消そう。

(D) 節電と節水とごみのリサイクルの中で、節電が一番大切である。

(193~196)

　4月から大学で政治を学ぶことになりました。普段から新聞の政治面には①＿＿＿＿い
たつもりでしたが、内容をきちんと理解していなかったのが正直なところです。そこで
これから政治を学ぶ際の目標を、三つ考えました。
　一つ目は制度や法律、仕組みを理解することです。例えば今の選挙制度について十
分な正しい知識を得てから、問題点について考えたいです。二つ目は、歴史的立場や
文化的事情を②＿＿＿＿ことです。これは近現代史などを深く理解するためのヒント
になると思います。まずは歴史的事実を十分に理解して、日本側の立場だけでなく、
他国の立場も学びながら外交問題の解決方法などを考えたいです。三つ目は、正しく
情報を理解し、自分の意見を持つことです。自分はどう感じるか、問題意識を持ち続
けられたらと思います。

(193) 本文の内容からみて、①＿＿＿＿に入るもっとも適当な表現は何ですか。

　　(A) 目に余って
　　(B) 目を通して
　　(C) 目から火が出て
　　(D) 目からうろこが落ちて

(194) 本文の内容からみて、②＿＿＿＿に入るもっとも適当な表現は何ですか。

　　(A) あまり役に立てない
　　(B) それほど気にしない
　　(C) 常に忘れない
　　(D) 決して捨てない

(195) この人が外交問題の解決方法を考える時に考慮することではないものはどれですか。

　　(A) 日本側の立場を理解する。
　　(B) 歴史的事実を十分に理解しておく。
　　(C) 他国の立場を学ぶ。
　　(D) 自分が感じたことを書いてみる。

(196) この人が政治を学ぶ際の目標でないものはどれですか。

　　(A) 正しく情報を理解し、自分の意見を持つこと
　　(B) 政治の制度や法律、仕組みを理解すること
　　(C) 歴史的立場や文化的事情を常に考慮すること
　　(D) 多数の意見だけではなく、少数の意見もよく聞くこと

(197~200)

成田空港で便を増やすとのニュースを新聞で読んだ。国土交通省は、成田空港をアジアにおけるハブ空港にしていく考えらしい。しかし、成田空港には滑走路が2本しかなく、そのことがしばしば問題になっている。3月末、成田から仙台への便に乗り継いだことがあった。飛行機に乗ってしばらくすると「天候不順で滑走路が混雑しているため、現在、離陸の順番が40番目です」と機内アナウンスがあった。結局、成田を出発するまで2時間も待たされることになった。また以前、成田空港への着陸の順番を待っていた飛行機の燃料が途中でなくなり、羽田空港に緊急着陸したこともある。現在も成田空港への着陸を待たされる飛行機は①________ため、成田空港への便を増やすことは事態を悪くさせるだけだろう。むしろ成田空港の便数を減らして空の「渋滞」をなくすと共に、滑走路が4本ある羽田空港への便数をもっと増やした方がいいのではないだろうか。どちらが国際的なハブ空港に適しているのかは、誰の目にも明らかだろう。

(197) この人が成田空港の問題として言っていることは何ですか。

    (A) 飛行機の便数を増やす経済的余裕がない。

    (B) 空港の規模が他の空港に比べて小さい。

    (C) 飛行機の離陸や着陸ができる滑走路が2本しかない。

    (D) 成田空港以外にもハブ空港の役割を果たしている空港が多すぎる。

(198) 以前、この人が乗った飛行機が羽田空港に緊急着陸した理由は何ですか。

    (A) 思ったより早く着陸の許可が下りてしまったから

    (B) なかなか着陸できず、燃料がなくなってしまったから

    (C) 羽田空港の方が成田空港より着陸しやすかったから

    (D) 天気が悪い時は羽田空港に着陸するようになっていたから

(199) 本文の内容からみて、①________に入るもっとも適当な表現は何ですか。

    (A) 少ない

    (B) 少なくない

    (C) 多いわけがない

    (D) 多いとは言えない

(200) この人は成田空港の便数を増やすことについてどう思っていますか。

    (A) 今の段階では何とも言えない。

    (B) 現状を悪くするだけである。

    (C) 必ず解決しなければならない問題である。

    (D) 便数を増やしても変わることは何もない。

실전 모의고사 1회~5회 정답

실전 모의고사 1회~5회 답안용지

청해 (1~100)

PART 1 사진 묘사

1	2	3	4	5	6	7	8	9	10
C	A	D	C	D	B	A	A	D	A
11	12	13	14	15	16	17	18	19	20
A	B	A	D	A	A	C	B	A	B

PART 2 질의 응답

21	22	23	24	25	26	27	28	29	30
B	C	C	B	C	C	A	B	B	C
31	32	33	34	35	36	37	38	39	40
A	D	B	A	A	B	A	A	C	D
41	42	43	44	45	46	47	48	49	50
C	C	B	B	B	B	A	A	D	D

PART 3 회화문

51	52	53	54	55	56	57	58	59	60
A	C	A	C	D	B	A	A	C	C
61	62	63	64	65	66	67	68	69	70
A	C	A	A	C	B	C	A	A	D
71	72	73	74	75	76	77	78	79	80
D	A	C	C	B	B	A	C	A	B

PART 4 설명문

81	82	83	84	85	86	87	88	89	90
B	D	D	D	A	D	C	A	C	B
91	92	93	94	95	96	97	98	99	100
A	C	A	C	D	D	A	D	A	D

독해 (101~200)

PART 5 정답 찾기

101	102	103	104	105	106	107	108	109	110
A	C	B	A	B	D	B	C	B	C

111	112	113	114	115	116	117	118	119	120
A	B	B	A	C	C	D	D	D	B

PART 6 오문 정정

121	122	123	124	125	126	127	128	129	130
B	A	A	D	A	C	B	C	C	B

131	132	133	134	135	136	137	138	139	140
C	A	C	C	D	C	B	A	C	B

PART 7 공란 메우기

141	142	143	144	145	146	147	148	149	150
C	A	B	D	C	D	B	B	A	D

151	152	153	154	155	156	157	158	159	160
D	D	D	A	C	A	C	D	D	D

161	162	163	164	165	166	167	168	169	170
C	B	C	C	D	D	A	B	B	C

PART 8 독해

171	172	173	174	175	176	177	178	179	180
B	B	D	B	D	D	B	B	A	C

181	182	183	184	185	186	187	188	189	190
D	B	B	D	C	D	D	C	C	C

191	192	193	194	195	196	197	198	199	200
A	A	C	B	D	D	B	C	B	A

청해 (1~100)

PART 1 사진 묘사

1	2	3	4	5	6	7	8	9	10
C	A	A	A	C	A	A	C	B	A
11	12	13	14	15	16	17	18	19	20
A	D	D	C	A	A	A	B	C	A

PART 2 질의 응답

21	22	23	24	25	26	27	28	29	30
C	A	B	D	C	C	C	B	A	D
31	32	33	34	35	36	37	38	39	40
A	A	D	B	A	D	A	A	D	A
41	42	43	44	45	46	47	48	49	50
B	C	A	C	C	A	D	A	D	B

PART 3 회화문

51	52	53	54	55	56	57	58	59	60
D	B	D	B	A	B	C	B	C	D
61	62	63	64	65	66	67	68	69	70
B	C	D	B	B	B	B	A	D	D
71	72	73	74	75	76	77	78	79	80
B	C	C	C	B	C	B	C	D	D

PART 4 설명문

81	82	83	84	85	86	87	88	89	90
A	B	D	A	A	A	A	C	D	A
91	92	93	94	95	96	97	98	99	100
C	D	C	D	C	C	D	B	C	D

독해 (101~200)

PART 5 정답 찾기

101	102	103	104	105	106	107	108	109	110
A	A	A	D	A	D	A	D	C	B
111	112	113	114	115	116	117	118	119	120
A	B	C	A	A	C	D	C	D	B

PART 6 오문 정정

121	122	123	124	125	126	127	128	129	130
B	D	A	D	A	B	C	B	B	B
131	132	133	134	135	136	137	138	139	140
A	D	B	A	B	A	B	D	A	D

PART 7 공란 메우기

141	142	143	144	145	146	147	148	149	150
A	C	D	C	C	A	A	D	D	B
151	152	153	154	155	156	157	158	159	160
C	B	B	A	D	C	D	A	C	C
161	162	163	164	165	166	167	168	169	170
B	A	B	D	A	C	C	D	D	B

PART 8 독해

171	172	173	174	175	176	177	178	179	180
A	A	C	A	D	A	B	A	B	A
181	182	183	184	185	186	187	188	189	190
A	A	B	A	C	B	B	D	C	A
191	192	193	194	195	196	197	198	199	200
B	D	C	B	D	D	D	C	D	A

청해 (1~100)

PART 1 사진 묘사

1	2	3	4	5	6	7	8	9	10
D	C	D	A	C	B	A	A	A	B
11	12	13	14	15	16	17	18	19	20
B	B	D	A	C	A	B	B	C	A

PART 2 질의 응답

21	22	23	24	25	26	27	28	29	30
B	A	A	D	C	A	D	A	A	B
31	32	33	34	35	36	37	38	39	40
D	D	B	D	A	A	A	A	D	A
41	42	43	44	45	46	47	48	49	50
B	C	A	B	D	D	C	D	B	D

PART 3 회화문

51	52	53	54	55	56	57	58	59	60
B	B	B	B	D	C	C	A	C	C
61	62	63	64	65	66	67	68	69	70
D	B	B	B	C	A	C	B	D	B
71	72	73	74	75	76	77	78	79	80
A	A	D	B	D	B	A	D	B	D

PART 4 설명문

81	82	83	84	85	86	87	88	89	90
A	A	C	A	D	D	C	D	B	C
91	92	93	94	95	96	97	98	99	100
D	B	D	D	B	A	D	D	C	C

독해 (101~200)

PART 5 정답 찾기

101	102	103	104	105	106	107	108	109	110
C	C	D	A	A	C	B	B	D	B
111	112	113	114	115	116	117	118	119	120
B	A	B	A	A	B	B	A	D	D

PART 6 오문 정정

121	122	123	124	125	126	127	128	129	130
B	D	B	B	B	C	D	B	B	D
131	132	133	134	135	136	137	138	139	140
D	C	B	C	B	C	A	D	A	D

PART 7 공란 메우기

141	142	143	144	145	146	147	148	149	150
B	A	A	B	A	D	A	A	D	C
151	152	153	154	155	156	157	158	159	160
A	C	A	D	A	B	B	D	B	C
161	162	163	164	165	166	167	168	169	170
B	A	C	D	D	A	A	D	D	D

PART 8 독해

171	172	173	174	175	176	177	178	179	180
A	C	C	D	C	A	A	C	A	B
181	182	183	184	185	186	187	188	189	190
D	B	A	B	A	B	A	C	C	A
191	192	193	194	195	196	197	198	199	200
D	D	B	D	B	C	A	A	A	D

청해 (1~100)

PART 1 사진 묘사

1	2	3	4	5	6	7	8	9	10
B	A	B	D	D	B	A	B	A	B

11	12	13	14	15	16	17	18	19	20
B	B	D	D	A	D	D	A	B	A

PART 2 질의 응답

21	22	23	24	25	26	27	28	29	30
D	A	B	A	D	A	D	C	A	D

31	32	33	34	35	36	37	38	39	40
B	A	D	B	D	D	A	D	D	B

41	42	43	44	45	46	47	48	49	50
D	D	A	D	B	C	A	C	D	D

PART 3 회화문

51	52	53	54	55	56	57	58	59	60
C	B	D	A	C	C	D	B	C	A

61	62	63	64	65	66	67	68	69	70
A	B	B	A	C	D	B	C	C	A

71	72	73	74	75	76	77	78	79	80
C	D	D	C	D	B	B	B	A	A

PART 4 설명문

81	82	83	84	85	86	87	88	89	90
C	B	A	C	D	D	B	C	A	B

91	92	93	94	95	96	97	98	99	100
B	A	D	C	B	C	C	B	B	D

독해 (101~200)

PART 5 정답 찾기

101	102	103	104	105	106	107	108	109	110
B	D	B	B	D	D	B	C	B	C
111	112	113	114	115	116	117	118	119	120
D	B	B	B	B	C	D	A	C	C

PART 6 오문 정정

121	122	123	124	125	126	127	128	129	130
B	C	C	C	D	A	B	C	D	A
131	132	133	134	135	136	137	138	139	140
B	D	A	D	A	A	B	D	C	B

PART 7 공란 메우기

141	142	143	144	145	146	147	148	149	150
B	B	A	D	D	A	A	D	C	B
151	152	153	154	155	156	157	158	159	160
C	B	D	C	C	A	C	D	C	A
161	162	163	164	165	166	167	168	169	170
C	A	A	B	B	A	B	D	D	A

PART 8 독해

171	172	173	174	175	176	177	178	179	180
C	A	C	D	D	B	D	D	B	D
181	182	183	184	185	186	187	188	189	190
B	B	B	B	D	D	D	A	C	D
191	192	193	194	195	196	197	198	199	200
D	C	B	C	C	D	C	A	A	D

청해 (1~100)

PART 1 사진 묘사

1	2	3	4	5	6	7	8	9	10
A	C	A	B	D	B	A	D	A	D
11	12	13	14	15	16	17	18	19	20
A	D	D	D	C	C	D	C	C	A

PART 2 질의 응답

21	22	23	24	25	26	27	28	29	30
D	C	A	A	A	D	A	C	C	A
31	32	33	34	35	36	37	38	39	40
A	D	C	C	A	C	A	A	C	B
41	42	43	44	45	46	47	48	49	50
B	A	A	A	B	B	C	A	C	C

PART 3 회화문

51	52	53	54	55	56	57	58	59	60
A	D	C	A	C	B	C	C	D	C
61	62	63	64	65	66	67	68	69	70
A	C	D	A	D	B	D	A	A	C
71	72	73	74	75	76	77	78	79	80
D	A	D	C	A	A	C	C	C	A

PART 4 설명문

81	82	83	84	85	86	87	88	89	90
D	D	A	C	D	B	D	A	C	C
91	92	93	94	95	96	97	98	99	100
D	A	D	C	C	A	D	D	C	A

독해 (101~200)

PART 5 정답 찾기

101	102	103	104	105	106	107	108	109	110
A	B	A	A	A	A	B	D	A	B
111	112	113	114	115	116	117	118	119	120
B	C	B	B	C	C	A	B	D	A

PART 6 오문 정정

121	122	123	124	125	126	127	128	129	130
D	A	D	A	B	D	B	C	D	D
131	132	133	134	135	136	137	138	139	140
D	D	C	D	C	B	C	D	C	C

PART 7 공란 메우기

141	142	143	144	145	146	147	148	149	150
B	D	B	D	A	C	D	A	B	C
151	152	153	154	155	156	157	158	159	160
B	A	D	D	A	C	B	B	D	C
161	162	163	164	165	166	167	168	169	170
C	C	B	B	D	A	C	D	D	A

PART 8 독해

171	172	173	174	175	176	177	178	179	180
B	A	D	D	A	B	C	C	D	B
181	182	183	184	185	186	187	188	189	190
B	A	B	D	C	B	D	A	C	C
191	192	193	194	195	196	197	198	199	200
A	B	B	C	D	D	C	B	B	B

MEMO

ANSWER SHEET

JPT 실전 모의고사 1회

수험번호

성명 — 한글 / 한자 / 영자

좌석번호 — Ⓐ Ⓑ Ⓒ Ⓓ Ⓔ ① ② ③ ④ ⑤ ⑥ ⑦

聽解

NO	ANSWER (A B C D)	NO	ANSWER (A B C D)	NO	ANSWER (A B C D)	NO	ANSWER (A B C D)	NO	ANSWER (A B C D)
1	ⓐ ⓑ ⓒ ⓓ	21	ⓐ ⓑ ⓒ ⓓ	41	ⓐ ⓑ ⓒ ⓓ	61	ⓐ ⓑ ⓒ ⓓ	81	ⓐ ⓑ ⓒ ⓓ
2	ⓐ ⓑ ⓒ ⓓ	22	ⓐ ⓑ ⓒ ⓓ	42	ⓐ ⓑ ⓒ ⓓ	62	ⓐ ⓑ ⓒ ⓓ	82	ⓐ ⓑ ⓒ ⓓ
3	ⓐ ⓑ ⓒ ⓓ	23	ⓐ ⓑ ⓒ ⓓ	43	ⓐ ⓑ ⓒ ⓓ	63	ⓐ ⓑ ⓒ ⓓ	83	ⓐ ⓑ ⓒ ⓓ
4	ⓐ ⓑ ⓒ ⓓ	24	ⓐ ⓑ ⓒ ⓓ	44	ⓐ ⓑ ⓒ ⓓ	64	ⓐ ⓑ ⓒ ⓓ	84	ⓐ ⓑ ⓒ ⓓ
5	ⓐ ⓑ ⓒ ⓓ	25	ⓐ ⓑ ⓒ ⓓ	45	ⓐ ⓑ ⓒ ⓓ	65	ⓐ ⓑ ⓒ ⓓ	85	ⓐ ⓑ ⓒ ⓓ
6	ⓐ ⓑ ⓒ ⓓ	26	ⓐ ⓑ ⓒ ⓓ	46	ⓐ ⓑ ⓒ ⓓ	66	ⓐ ⓑ ⓒ ⓓ	86	ⓐ ⓑ ⓒ ⓓ
7	ⓐ ⓑ ⓒ ⓓ	27	ⓐ ⓑ ⓒ ⓓ	47	ⓐ ⓑ ⓒ ⓓ	67	ⓐ ⓑ ⓒ ⓓ	87	ⓐ ⓑ ⓒ ⓓ
8	ⓐ ⓑ ⓒ ⓓ	28	ⓐ ⓑ ⓒ ⓓ	48	ⓐ ⓑ ⓒ ⓓ	68	ⓐ ⓑ ⓒ ⓓ	88	ⓐ ⓑ ⓒ ⓓ
9	ⓐ ⓑ ⓒ ⓓ	29	ⓐ ⓑ ⓒ ⓓ	49	ⓐ ⓑ ⓒ ⓓ	69	ⓐ ⓑ ⓒ ⓓ	89	ⓐ ⓑ ⓒ ⓓ
10	ⓐ ⓑ ⓒ ⓓ	30	ⓐ ⓑ ⓒ ⓓ	50	ⓐ ⓑ ⓒ ⓓ	70	ⓐ ⓑ ⓒ ⓓ	90	ⓐ ⓑ ⓒ ⓓ
11	ⓐ ⓑ ⓒ ⓓ	31	ⓐ ⓑ ⓒ ⓓ	51	ⓐ ⓑ ⓒ ⓓ	71	ⓐ ⓑ ⓒ ⓓ	91	ⓐ ⓑ ⓒ ⓓ
12	ⓐ ⓑ ⓒ ⓓ	32	ⓐ ⓑ ⓒ ⓓ	52	ⓐ ⓑ ⓒ ⓓ	72	ⓐ ⓑ ⓒ ⓓ	92	ⓐ ⓑ ⓒ ⓓ
13	ⓐ ⓑ ⓒ ⓓ	33	ⓐ ⓑ ⓒ ⓓ	53	ⓐ ⓑ ⓒ ⓓ	73	ⓐ ⓑ ⓒ ⓓ	93	ⓐ ⓑ ⓒ ⓓ
14	ⓐ ⓑ ⓒ ⓓ	34	ⓐ ⓑ ⓒ ⓓ	54	ⓐ ⓑ ⓒ ⓓ	74	ⓐ ⓑ ⓒ ⓓ	94	ⓐ ⓑ ⓒ ⓓ
15	ⓐ ⓑ ⓒ ⓓ	35	ⓐ ⓑ ⓒ ⓓ	55	ⓐ ⓑ ⓒ ⓓ	75	ⓐ ⓑ ⓒ ⓓ	95	ⓐ ⓑ ⓒ ⓓ
16	ⓐ ⓑ ⓒ ⓓ	36	ⓐ ⓑ ⓒ ⓓ	56	ⓐ ⓑ ⓒ ⓓ	76	ⓐ ⓑ ⓒ ⓓ	96	ⓐ ⓑ ⓒ ⓓ
17	ⓐ ⓑ ⓒ ⓓ	37	ⓐ ⓑ ⓒ ⓓ	57	ⓐ ⓑ ⓒ ⓓ	77	ⓐ ⓑ ⓒ ⓓ	97	ⓐ ⓑ ⓒ ⓓ
18	ⓐ ⓑ ⓒ ⓓ	38	ⓐ ⓑ ⓒ ⓓ	58	ⓐ ⓑ ⓒ ⓓ	78	ⓐ ⓑ ⓒ ⓓ	98	ⓐ ⓑ ⓒ ⓓ
19	ⓐ ⓑ ⓒ ⓓ	39	ⓐ ⓑ ⓒ ⓓ	59	ⓐ ⓑ ⓒ ⓓ	79	ⓐ ⓑ ⓒ ⓓ	99	ⓐ ⓑ ⓒ ⓓ
20	ⓐ ⓑ ⓒ ⓓ	40	ⓐ ⓑ ⓒ ⓓ	60	ⓐ ⓑ ⓒ ⓓ	80	ⓐ ⓑ ⓒ ⓓ	100	ⓐ ⓑ ⓒ ⓓ

読解

NO	ANSWER (A B C D)	NO	ANSWER (A B C D)	NO	ANSWER (A B C D)	NO	ANSWER (A B C D)	NO	ANSWER (A B C D)
101	ⓐ ⓑ ⓒ ⓓ	121	ⓐ ⓑ ⓒ ⓓ	141	ⓐ ⓑ ⓒ ⓓ	161	ⓐ ⓑ ⓒ ⓓ	181	ⓐ ⓑ ⓒ ⓓ
102	ⓐ ⓑ ⓒ ⓓ	122	ⓐ ⓑ ⓒ ⓓ	142	ⓐ ⓑ ⓒ ⓓ	162	ⓐ ⓑ ⓒ ⓓ	182	ⓐ ⓑ ⓒ ⓓ
103	ⓐ ⓑ ⓒ ⓓ	123	ⓐ ⓑ ⓒ ⓓ	143	ⓐ ⓑ ⓒ ⓓ	163	ⓐ ⓑ ⓒ ⓓ	183	ⓐ ⓑ ⓒ ⓓ
104	ⓐ ⓑ ⓒ ⓓ	124	ⓐ ⓑ ⓒ ⓓ	144	ⓐ ⓑ ⓒ ⓓ	164	ⓐ ⓑ ⓒ ⓓ	184	ⓐ ⓑ ⓒ ⓓ
105	ⓐ ⓑ ⓒ ⓓ	125	ⓐ ⓑ ⓒ ⓓ	145	ⓐ ⓑ ⓒ ⓓ	165	ⓐ ⓑ ⓒ ⓓ	185	ⓐ ⓑ ⓒ ⓓ
106	ⓐ ⓑ ⓒ ⓓ	126	ⓐ ⓑ ⓒ ⓓ	146	ⓐ ⓑ ⓒ ⓓ	166	ⓐ ⓑ ⓒ ⓓ	186	ⓐ ⓑ ⓒ ⓓ
107	ⓐ ⓑ ⓒ ⓓ	127	ⓐ ⓑ ⓒ ⓓ	147	ⓐ ⓑ ⓒ ⓓ	167	ⓐ ⓑ ⓒ ⓓ	187	ⓐ ⓑ ⓒ ⓓ
108	ⓐ ⓑ ⓒ ⓓ	128	ⓐ ⓑ ⓒ ⓓ	148	ⓐ ⓑ ⓒ ⓓ	168	ⓐ ⓑ ⓒ ⓓ	188	ⓐ ⓑ ⓒ ⓓ
109	ⓐ ⓑ ⓒ ⓓ	129	ⓐ ⓑ ⓒ ⓓ	149	ⓐ ⓑ ⓒ ⓓ	169	ⓐ ⓑ ⓒ ⓓ	189	ⓐ ⓑ ⓒ ⓓ
110	ⓐ ⓑ ⓒ ⓓ	130	ⓐ ⓑ ⓒ ⓓ	150	ⓐ ⓑ ⓒ ⓓ	170	ⓐ ⓑ ⓒ ⓓ	190	ⓐ ⓑ ⓒ ⓓ
111	ⓐ ⓑ ⓒ ⓓ	131	ⓐ ⓑ ⓒ ⓓ	151	ⓐ ⓑ ⓒ ⓓ	171	ⓐ ⓑ ⓒ ⓓ	191	ⓐ ⓑ ⓒ ⓓ
112	ⓐ ⓑ ⓒ ⓓ	132	ⓐ ⓑ ⓒ ⓓ	152	ⓐ ⓑ ⓒ ⓓ	172	ⓐ ⓑ ⓒ ⓓ	192	ⓐ ⓑ ⓒ ⓓ
113	ⓐ ⓑ ⓒ ⓓ	133	ⓐ ⓑ ⓒ ⓓ	153	ⓐ ⓑ ⓒ ⓓ	173	ⓐ ⓑ ⓒ ⓓ	193	ⓐ ⓑ ⓒ ⓓ
114	ⓐ ⓑ ⓒ ⓓ	134	ⓐ ⓑ ⓒ ⓓ	154	ⓐ ⓑ ⓒ ⓓ	174	ⓐ ⓑ ⓒ ⓓ	194	ⓐ ⓑ ⓒ ⓓ
115	ⓐ ⓑ ⓒ ⓓ	135	ⓐ ⓑ ⓒ ⓓ	155	ⓐ ⓑ ⓒ ⓓ	175	ⓐ ⓑ ⓒ ⓓ	195	ⓐ ⓑ ⓒ ⓓ
116	ⓐ ⓑ ⓒ ⓓ	136	ⓐ ⓑ ⓒ ⓓ	156	ⓐ ⓑ ⓒ ⓓ	176	ⓐ ⓑ ⓒ ⓓ	196	ⓐ ⓑ ⓒ ⓓ
117	ⓐ ⓑ ⓒ ⓓ	137	ⓐ ⓑ ⓒ ⓓ	157	ⓐ ⓑ ⓒ ⓓ	177	ⓐ ⓑ ⓒ ⓓ	197	ⓐ ⓑ ⓒ ⓓ
118	ⓐ ⓑ ⓒ ⓓ	138	ⓐ ⓑ ⓒ ⓓ	158	ⓐ ⓑ ⓒ ⓓ	178	ⓐ ⓑ ⓒ ⓓ	198	ⓐ ⓑ ⓒ ⓓ
119	ⓐ ⓑ ⓒ ⓓ	139	ⓐ ⓑ ⓒ ⓓ	159	ⓐ ⓑ ⓒ ⓓ	179	ⓐ ⓑ ⓒ ⓓ	199	ⓐ ⓑ ⓒ ⓓ
120	ⓐ ⓑ ⓒ ⓓ	140	ⓐ ⓑ ⓒ ⓓ	160	ⓐ ⓑ ⓒ ⓓ	180	ⓐ ⓑ ⓒ ⓓ	200	ⓐ ⓑ ⓒ ⓓ

ANSWER SHEET

수험번호 | | | | | |

성명	
한글	
한자	
영자	

좌석번호
Ⓐ Ⓑ Ⓒ Ⓓ Ⓔ
① ② ③ ④ ⑤ ⑥ ⑦

聴 解

NO	ANSWER	NO	ANSWER	NO	ANSWER	NO	ANSWER	NO	ANSWER
	A B C D		A B C D		A B C D		A B C D		A B C D
1	ⓐ ⓑ ⓒ ⓓ	21	ⓐ ⓑ ⓒ ⓓ	41	ⓐ ⓑ ⓒ ⓓ	61	ⓐ ⓑ ⓒ ⓓ	81	ⓐ ⓑ ⓒ ⓓ
2	ⓐ ⓑ ⓒ ⓓ	22	ⓐ ⓑ ⓒ ⓓ	42	ⓐ ⓑ ⓒ ⓓ	62	ⓐ ⓑ ⓒ ⓓ	82	ⓐ ⓑ ⓒ ⓓ
3	ⓐ ⓑ ⓒ ⓓ	23	ⓐ ⓑ ⓒ ⓓ	43	ⓐ ⓑ ⓒ ⓓ	63	ⓐ ⓑ ⓒ ⓓ	83	ⓐ ⓑ ⓒ ⓓ
4	ⓐ ⓑ ⓒ ⓓ	24	ⓐ ⓑ ⓒ ⓓ	44	ⓐ ⓑ ⓒ ⓓ	64	ⓐ ⓑ ⓒ ⓓ	84	ⓐ ⓑ ⓒ ⓓ
5	ⓐ ⓑ ⓒ ⓓ	25	ⓐ ⓑ ⓒ ⓓ	45	ⓐ ⓑ ⓒ ⓓ	65	ⓐ ⓑ ⓒ ⓓ	85	ⓐ ⓑ ⓒ ⓓ
6	ⓐ ⓑ ⓒ ⓓ	26	ⓐ ⓑ ⓒ ⓓ	46	ⓐ ⓑ ⓒ ⓓ	66	ⓐ ⓑ ⓒ ⓓ	86	ⓐ ⓑ ⓒ ⓓ
7	ⓐ ⓑ ⓒ ⓓ	27	ⓐ ⓑ ⓒ ⓓ	47	ⓐ ⓑ ⓒ ⓓ	67	ⓐ ⓑ ⓒ ⓓ	87	ⓐ ⓑ ⓒ ⓓ
8	ⓐ ⓑ ⓒ ⓓ	28	ⓐ ⓑ ⓒ ⓓ	48	ⓐ ⓑ ⓒ ⓓ	68	ⓐ ⓑ ⓒ ⓓ	88	ⓐ ⓑ ⓒ ⓓ
9	ⓐ ⓑ ⓒ ⓓ	29	ⓐ ⓑ ⓒ ⓓ	49	ⓐ ⓑ ⓒ ⓓ	69	ⓐ ⓑ ⓒ ⓓ	89	ⓐ ⓑ ⓒ ⓓ
10	ⓐ ⓑ ⓒ ⓓ	30	ⓐ ⓑ ⓒ ⓓ	50	ⓐ ⓑ ⓒ ⓓ	70	ⓐ ⓑ ⓒ ⓓ	90	ⓐ ⓑ ⓒ ⓓ
11	ⓐ ⓑ ⓒ ⓓ	31	ⓐ ⓑ ⓒ ⓓ	51	ⓐ ⓑ ⓒ ⓓ	71	ⓐ ⓑ ⓒ ⓓ	91	ⓐ ⓑ ⓒ ⓓ
12	ⓐ ⓑ ⓒ ⓓ	32	ⓐ ⓑ ⓒ ⓓ	52	ⓐ ⓑ ⓒ ⓓ	72	ⓐ ⓑ ⓒ ⓓ	92	ⓐ ⓑ ⓒ ⓓ
13	ⓐ ⓑ ⓒ ⓓ	33	ⓐ ⓑ ⓒ ⓓ	53	ⓐ ⓑ ⓒ ⓓ	73	ⓐ ⓑ ⓒ ⓓ	93	ⓐ ⓑ ⓒ ⓓ
14	ⓐ ⓑ ⓒ ⓓ	34	ⓐ ⓑ ⓒ ⓓ	54	ⓐ ⓑ ⓒ ⓓ	74	ⓐ ⓑ ⓒ ⓓ	94	ⓐ ⓑ ⓒ ⓓ
15	ⓐ ⓑ ⓒ ⓓ	35	ⓐ ⓑ ⓒ ⓓ	55	ⓐ ⓑ ⓒ ⓓ	75	ⓐ ⓑ ⓒ ⓓ	95	ⓐ ⓑ ⓒ ⓓ
16	ⓐ ⓑ ⓒ ⓓ	36	ⓐ ⓑ ⓒ ⓓ	56	ⓐ ⓑ ⓒ ⓓ	76	ⓐ ⓑ ⓒ ⓓ	96	ⓐ ⓑ ⓒ ⓓ
17	ⓐ ⓑ ⓒ ⓓ	37	ⓐ ⓑ ⓒ ⓓ	57	ⓐ ⓑ ⓒ ⓓ	77	ⓐ ⓑ ⓒ ⓓ	97	ⓐ ⓑ ⓒ ⓓ
18	ⓐ ⓑ ⓒ ⓓ	38	ⓐ ⓑ ⓒ ⓓ	58	ⓐ ⓑ ⓒ ⓓ	78	ⓐ ⓑ ⓒ ⓓ	98	ⓐ ⓑ ⓒ ⓓ
19	ⓐ ⓑ ⓒ ⓓ	39	ⓐ ⓑ ⓒ ⓓ	59	ⓐ ⓑ ⓒ ⓓ	79	ⓐ ⓑ ⓒ ⓓ	99	ⓐ ⓑ ⓒ ⓓ
20	ⓐ ⓑ ⓒ ⓓ	40	ⓐ ⓑ ⓒ ⓓ	60	ⓐ ⓑ ⓒ ⓓ	80	ⓐ ⓑ ⓒ ⓓ	100	ⓐ ⓑ ⓒ ⓓ

読 解

NO	ANSWER	NO	ANSWER	NO	ANSWER	NO	ANSWER	NO	ANSWER
	A B C D		A B C D		A B C D		A B C D		A B C D
101	ⓐ ⓑ ⓒ ⓓ	121	ⓐ ⓑ ⓒ ⓓ	141	ⓐ ⓑ ⓒ ⓓ	161	ⓐ ⓑ ⓒ ⓓ	181	ⓐ ⓑ ⓒ ⓓ
102	ⓐ ⓑ ⓒ ⓓ	122	ⓐ ⓑ ⓒ ⓓ	142	ⓐ ⓑ ⓒ ⓓ	162	ⓐ ⓑ ⓒ ⓓ	182	ⓐ ⓑ ⓒ ⓓ
103	ⓐ ⓑ ⓒ ⓓ	123	ⓐ ⓑ ⓒ ⓓ	143	ⓐ ⓑ ⓒ ⓓ	163	ⓐ ⓑ ⓒ ⓓ	183	ⓐ ⓑ ⓒ ⓓ
104	ⓐ ⓑ ⓒ ⓓ	124	ⓐ ⓑ ⓒ ⓓ	144	ⓐ ⓑ ⓒ ⓓ	164	ⓐ ⓑ ⓒ ⓓ	184	ⓐ ⓑ ⓒ ⓓ
105	ⓐ ⓑ ⓒ ⓓ	125	ⓐ ⓑ ⓒ ⓓ	145	ⓐ ⓑ ⓒ ⓓ	165	ⓐ ⓑ ⓒ ⓓ	185	ⓐ ⓑ ⓒ ⓓ
106	ⓐ ⓑ ⓒ ⓓ	126	ⓐ ⓑ ⓒ ⓓ	146	ⓐ ⓑ ⓒ ⓓ	166	ⓐ ⓑ ⓒ ⓓ	186	ⓐ ⓑ ⓒ ⓓ
107	ⓐ ⓑ ⓒ ⓓ	127	ⓐ ⓑ ⓒ ⓓ	147	ⓐ ⓑ ⓒ ⓓ	167	ⓐ ⓑ ⓒ ⓓ	187	ⓐ ⓑ ⓒ ⓓ
108	ⓐ ⓑ ⓒ ⓓ	128	ⓐ ⓑ ⓒ ⓓ	148	ⓐ ⓑ ⓒ ⓓ	168	ⓐ ⓑ ⓒ ⓓ	188	ⓐ ⓑ ⓒ ⓓ
109	ⓐ ⓑ ⓒ ⓓ	129	ⓐ ⓑ ⓒ ⓓ	149	ⓐ ⓑ ⓒ ⓓ	169	ⓐ ⓑ ⓒ ⓓ	189	ⓐ ⓑ ⓒ ⓓ
110	ⓐ ⓑ ⓒ ⓓ	130	ⓐ ⓑ ⓒ ⓓ	150	ⓐ ⓑ ⓒ ⓓ	170	ⓐ ⓑ ⓒ ⓓ	190	ⓐ ⓑ ⓒ ⓓ
111	ⓐ ⓑ ⓒ ⓓ	131	ⓐ ⓑ ⓒ ⓓ	151	ⓐ ⓑ ⓒ ⓓ	171	ⓐ ⓑ ⓒ ⓓ	191	ⓐ ⓑ ⓒ ⓓ
112	ⓐ ⓑ ⓒ ⓓ	132	ⓐ ⓑ ⓒ ⓓ	152	ⓐ ⓑ ⓒ ⓓ	172	ⓐ ⓑ ⓒ ⓓ	192	ⓐ ⓑ ⓒ ⓓ
113	ⓐ ⓑ ⓒ ⓓ	133	ⓐ ⓑ ⓒ ⓓ	153	ⓐ ⓑ ⓒ ⓓ	173	ⓐ ⓑ ⓒ ⓓ	193	ⓐ ⓑ ⓒ ⓓ
114	ⓐ ⓑ ⓒ ⓓ	134	ⓐ ⓑ ⓒ ⓓ	154	ⓐ ⓑ ⓒ ⓓ	174	ⓐ ⓑ ⓒ ⓓ	194	ⓐ ⓑ ⓒ ⓓ
115	ⓐ ⓑ ⓒ ⓓ	135	ⓐ ⓑ ⓒ ⓓ	155	ⓐ ⓑ ⓒ ⓓ	175	ⓐ ⓑ ⓒ ⓓ	195	ⓐ ⓑ ⓒ ⓓ
116	ⓐ ⓑ ⓒ ⓓ	136	ⓐ ⓑ ⓒ ⓓ	156	ⓐ ⓑ ⓒ ⓓ	176	ⓐ ⓑ ⓒ ⓓ	196	ⓐ ⓑ ⓒ ⓓ
117	ⓐ ⓑ ⓒ ⓓ	137	ⓐ ⓑ ⓒ ⓓ	157	ⓐ ⓑ ⓒ ⓓ	177	ⓐ ⓑ ⓒ ⓓ	197	ⓐ ⓑ ⓒ ⓓ
118	ⓐ ⓑ ⓒ ⓓ	138	ⓐ ⓑ ⓒ ⓓ	158	ⓐ ⓑ ⓒ ⓓ	178	ⓐ ⓑ ⓒ ⓓ	198	ⓐ ⓑ ⓒ ⓓ
119	ⓐ ⓑ ⓒ ⓓ	139	ⓐ ⓑ ⓒ ⓓ	159	ⓐ ⓑ ⓒ ⓓ	179	ⓐ ⓑ ⓒ ⓓ	199	ⓐ ⓑ ⓒ ⓓ
120	ⓐ ⓑ ⓒ ⓓ	140	ⓐ ⓑ ⓒ ⓓ	160	ⓐ ⓑ ⓒ ⓓ	180	ⓐ ⓑ ⓒ ⓓ	200	ⓐ ⓑ ⓒ ⓓ

ANSWER SHEET

JPT 실전 모의고사 3회

수험번호

성명 한글 / 한자 / 영자

좌석번호

A B C D E
① ② ③ ④ ⑤ ⑥ ⑦

聽解

NO	ANSWER	NO	ANSWER	NO	ANSWER	NO	ANSWER	NO	ANSWER
	A B C D		A B C D		A B C D		A B C D		A B C D
1	ⓐ ⓑ ⓒ ⓓ	21	ⓐ ⓑ ⓒ ⓓ	41	ⓐ ⓑ ⓒ ⓓ	61	ⓐ ⓑ ⓒ ⓓ	81	ⓐ ⓑ ⓒ ⓓ
2	ⓐ ⓑ ⓒ ⓓ	22	ⓐ ⓑ ⓒ ⓓ	42	ⓐ ⓑ ⓒ ⓓ	62	ⓐ ⓑ ⓒ ⓓ	82	ⓐ ⓑ ⓒ ⓓ
3	ⓐ ⓑ ⓒ ⓓ	23	ⓐ ⓑ ⓒ ⓓ	43	ⓐ ⓑ ⓒ ⓓ	63	ⓐ ⓑ ⓒ ⓓ	83	ⓐ ⓑ ⓒ ⓓ
4	ⓐ ⓑ ⓒ ⓓ	24	ⓐ ⓑ ⓒ ⓓ	44	ⓐ ⓑ ⓒ ⓓ	64	ⓐ ⓑ ⓒ ⓓ	84	ⓐ ⓑ ⓒ ⓓ
5	ⓐ ⓑ ⓒ ⓓ	25	ⓐ ⓑ ⓒ ⓓ	45	ⓐ ⓑ ⓒ ⓓ	65	ⓐ ⓑ ⓒ ⓓ	85	ⓐ ⓑ ⓒ ⓓ
6	ⓐ ⓑ ⓒ ⓓ	26	ⓐ ⓑ ⓒ ⓓ	46	ⓐ ⓑ ⓒ ⓓ	66	ⓐ ⓑ ⓒ ⓓ	86	ⓐ ⓑ ⓒ ⓓ
7	ⓐ ⓑ ⓒ ⓓ	27	ⓐ ⓑ ⓒ ⓓ	47	ⓐ ⓑ ⓒ ⓓ	67	ⓐ ⓑ ⓒ ⓓ	87	ⓐ ⓑ ⓒ ⓓ
8	ⓐ ⓑ ⓒ ⓓ	28	ⓐ ⓑ ⓒ ⓓ	48	ⓐ ⓑ ⓒ ⓓ	68	ⓐ ⓑ ⓒ ⓓ	88	ⓐ ⓑ ⓒ ⓓ
9	ⓐ ⓑ ⓒ ⓓ	29	ⓐ ⓑ ⓒ ⓓ	49	ⓐ ⓑ ⓒ ⓓ	69	ⓐ ⓑ ⓒ ⓓ	89	ⓐ ⓑ ⓒ ⓓ
10	ⓐ ⓑ ⓒ ⓓ	30	ⓐ ⓑ ⓒ ⓓ	50	ⓐ ⓑ ⓒ ⓓ	70	ⓐ ⓑ ⓒ ⓓ	90	ⓐ ⓑ ⓒ ⓓ
11	ⓐ ⓑ ⓒ ⓓ	31	ⓐ ⓑ ⓒ ⓓ	51	ⓐ ⓑ ⓒ ⓓ	71	ⓐ ⓑ ⓒ ⓓ	91	ⓐ ⓑ ⓒ ⓓ
12	ⓐ ⓑ ⓒ ⓓ	32	ⓐ ⓑ ⓒ ⓓ	52	ⓐ ⓑ ⓒ ⓓ	72	ⓐ ⓑ ⓒ ⓓ	92	ⓐ ⓑ ⓒ ⓓ
13	ⓐ ⓑ ⓒ ⓓ	33	ⓐ ⓑ ⓒ ⓓ	53	ⓐ ⓑ ⓒ ⓓ	73	ⓐ ⓑ ⓒ ⓓ	93	ⓐ ⓑ ⓒ ⓓ
14	ⓐ ⓑ ⓒ ⓓ	34	ⓐ ⓑ ⓒ ⓓ	54	ⓐ ⓑ ⓒ ⓓ	74	ⓐ ⓑ ⓒ ⓓ	94	ⓐ ⓑ ⓒ ⓓ
15	ⓐ ⓑ ⓒ ⓓ	35	ⓐ ⓑ ⓒ ⓓ	55	ⓐ ⓑ ⓒ ⓓ	75	ⓐ ⓑ ⓒ ⓓ	95	ⓐ ⓑ ⓒ ⓓ
16	ⓐ ⓑ ⓒ ⓓ	36	ⓐ ⓑ ⓒ ⓓ	56	ⓐ ⓑ ⓒ ⓓ	76	ⓐ ⓑ ⓒ ⓓ	96	ⓐ ⓑ ⓒ ⓓ
17	ⓐ ⓑ ⓒ ⓓ	37	ⓐ ⓑ ⓒ ⓓ	57	ⓐ ⓑ ⓒ ⓓ	77	ⓐ ⓑ ⓒ ⓓ	97	ⓐ ⓑ ⓒ ⓓ
18	ⓐ ⓑ ⓒ ⓓ	38	ⓐ ⓑ ⓒ ⓓ	58	ⓐ ⓑ ⓒ ⓓ	78	ⓐ ⓑ ⓒ ⓓ	98	ⓐ ⓑ ⓒ ⓓ
19	ⓐ ⓑ ⓒ ⓓ	39	ⓐ ⓑ ⓒ ⓓ	59	ⓐ ⓑ ⓒ ⓓ	79	ⓐ ⓑ ⓒ ⓓ	99	ⓐ ⓑ ⓒ ⓓ
20	ⓐ ⓑ ⓒ ⓓ	40	ⓐ ⓑ ⓒ ⓓ	60	ⓐ ⓑ ⓒ ⓓ	80	ⓐ ⓑ ⓒ ⓓ	100	ⓐ ⓑ ⓒ ⓓ

読解

NO	ANSWER	NO	ANSWER	NO	ANSWER	NO	ANSWER	NO	ANSWER
	A B C D		A B C D		A B C D		A B C D		A B C D
101	ⓐ ⓑ ⓒ ⓓ	121	ⓐ ⓑ ⓒ ⓓ	141	ⓐ ⓑ ⓒ ⓓ	161	ⓐ ⓑ ⓒ ⓓ	181	ⓐ ⓑ ⓒ ⓓ
102	ⓐ ⓑ ⓒ ⓓ	122	ⓐ ⓑ ⓒ ⓓ	142	ⓐ ⓑ ⓒ ⓓ	162	ⓐ ⓑ ⓒ ⓓ	182	ⓐ ⓑ ⓒ ⓓ
103	ⓐ ⓑ ⓒ ⓓ	123	ⓐ ⓑ ⓒ ⓓ	143	ⓐ ⓑ ⓒ ⓓ	163	ⓐ ⓑ ⓒ ⓓ	183	ⓐ ⓑ ⓒ ⓓ
104	ⓐ ⓑ ⓒ ⓓ	124	ⓐ ⓑ ⓒ ⓓ	144	ⓐ ⓑ ⓒ ⓓ	164	ⓐ ⓑ ⓒ ⓓ	184	ⓐ ⓑ ⓒ ⓓ
105	ⓐ ⓑ ⓒ ⓓ	125	ⓐ ⓑ ⓒ ⓓ	145	ⓐ ⓑ ⓒ ⓓ	165	ⓐ ⓑ ⓒ ⓓ	185	ⓐ ⓑ ⓒ ⓓ
106	ⓐ ⓑ ⓒ ⓓ	126	ⓐ ⓑ ⓒ ⓓ	146	ⓐ ⓑ ⓒ ⓓ	166	ⓐ ⓑ ⓒ ⓓ	186	ⓐ ⓑ ⓒ ⓓ
107	ⓐ ⓑ ⓒ ⓓ	127	ⓐ ⓑ ⓒ ⓓ	147	ⓐ ⓑ ⓒ ⓓ	167	ⓐ ⓑ ⓒ ⓓ	187	ⓐ ⓑ ⓒ ⓓ
108	ⓐ ⓑ ⓒ ⓓ	128	ⓐ ⓑ ⓒ ⓓ	148	ⓐ ⓑ ⓒ ⓓ	168	ⓐ ⓑ ⓒ ⓓ	188	ⓐ ⓑ ⓒ ⓓ
109	ⓐ ⓑ ⓒ ⓓ	129	ⓐ ⓑ ⓒ ⓓ	149	ⓐ ⓑ ⓒ ⓓ	169	ⓐ ⓑ ⓒ ⓓ	189	ⓐ ⓑ ⓒ ⓓ
110	ⓐ ⓑ ⓒ ⓓ	130	ⓐ ⓑ ⓒ ⓓ	150	ⓐ ⓑ ⓒ ⓓ	170	ⓐ ⓑ ⓒ ⓓ	190	ⓐ ⓑ ⓒ ⓓ
111	ⓐ ⓑ ⓒ ⓓ	131	ⓐ ⓑ ⓒ ⓓ	151	ⓐ ⓑ ⓒ ⓓ	171	ⓐ ⓑ ⓒ ⓓ	191	ⓐ ⓑ ⓒ ⓓ
112	ⓐ ⓑ ⓒ ⓓ	132	ⓐ ⓑ ⓒ ⓓ	152	ⓐ ⓑ ⓒ ⓓ	172	ⓐ ⓑ ⓒ ⓓ	192	ⓐ ⓑ ⓒ ⓓ
113	ⓐ ⓑ ⓒ ⓓ	133	ⓐ ⓑ ⓒ ⓓ	153	ⓐ ⓑ ⓒ ⓓ	173	ⓐ ⓑ ⓒ ⓓ	193	ⓐ ⓑ ⓒ ⓓ
114	ⓐ ⓑ ⓒ ⓓ	134	ⓐ ⓑ ⓒ ⓓ	154	ⓐ ⓑ ⓒ ⓓ	174	ⓐ ⓑ ⓒ ⓓ	194	ⓐ ⓑ ⓒ ⓓ
115	ⓐ ⓑ ⓒ ⓓ	135	ⓐ ⓑ ⓒ ⓓ	155	ⓐ ⓑ ⓒ ⓓ	175	ⓐ ⓑ ⓒ ⓓ	195	ⓐ ⓑ ⓒ ⓓ
116	ⓐ ⓑ ⓒ ⓓ	136	ⓐ ⓑ ⓒ ⓓ	156	ⓐ ⓑ ⓒ ⓓ	176	ⓐ ⓑ ⓒ ⓓ	196	ⓐ ⓑ ⓒ ⓓ
117	ⓐ ⓑ ⓒ ⓓ	137	ⓐ ⓑ ⓒ ⓓ	157	ⓐ ⓑ ⓒ ⓓ	177	ⓐ ⓑ ⓒ ⓓ	197	ⓐ ⓑ ⓒ ⓓ
118	ⓐ ⓑ ⓒ ⓓ	138	ⓐ ⓑ ⓒ ⓓ	158	ⓐ ⓑ ⓒ ⓓ	178	ⓐ ⓑ ⓒ ⓓ	198	ⓐ ⓑ ⓒ ⓓ
119	ⓐ ⓑ ⓒ ⓓ	139	ⓐ ⓑ ⓒ ⓓ	159	ⓐ ⓑ ⓒ ⓓ	179	ⓐ ⓑ ⓒ ⓓ	199	ⓐ ⓑ ⓒ ⓓ
120	ⓐ ⓑ ⓒ ⓓ	140	ⓐ ⓑ ⓒ ⓓ	160	ⓐ ⓑ ⓒ ⓓ	180	ⓐ ⓑ ⓒ ⓓ	200	ⓐ ⓑ ⓒ ⓓ

ANSWER SHEET

JPT 실전 모의고사 4회

수험번호

성 명	한글	
	한자	
	영자	

좌석번호
Ⓐ Ⓑ Ⓒ Ⓓ Ⓔ
① ② ③ ④ ⑤ ⑥ ⑦

聴 解

NO	ANSWER A B C D	NO	ANSWER A B C D	NO	ANSWER A B C D	NO	ANSWER A B C D	NO	ANSWER A B C D
1	ⓐ ⓑ ⓒ ⓓ	21	ⓐ ⓑ ⓒ ⓓ	41	ⓐ ⓑ ⓒ ⓓ	61	ⓐ ⓑ ⓒ ⓓ	81	ⓐ ⓑ ⓒ ⓓ
2	ⓐ ⓑ ⓒ ⓓ	22	ⓐ ⓑ ⓒ ⓓ	42	ⓐ ⓑ ⓒ ⓓ	62	ⓐ ⓑ ⓒ ⓓ	82	ⓐ ⓑ ⓒ ⓓ
3	ⓐ ⓑ ⓒ ⓓ	23	ⓐ ⓑ ⓒ ⓓ	43	ⓐ ⓑ ⓒ ⓓ	63	ⓐ ⓑ ⓒ ⓓ	83	ⓐ ⓑ ⓒ ⓓ
4	ⓐ ⓑ ⓒ ⓓ	24	ⓐ ⓑ ⓒ ⓓ	44	ⓐ ⓑ ⓒ ⓓ	64	ⓐ ⓑ ⓒ ⓓ	84	ⓐ ⓑ ⓒ ⓓ
5	ⓐ ⓑ ⓒ ⓓ	25	ⓐ ⓑ ⓒ ⓓ	45	ⓐ ⓑ ⓒ ⓓ	65	ⓐ ⓑ ⓒ ⓓ	85	ⓐ ⓑ ⓒ ⓓ
6	ⓐ ⓑ ⓒ ⓓ	26	ⓐ ⓑ ⓒ ⓓ	46	ⓐ ⓑ ⓒ ⓓ	66	ⓐ ⓑ ⓒ ⓓ	86	ⓐ ⓑ ⓒ ⓓ
7	ⓐ ⓑ ⓒ ⓓ	27	ⓐ ⓑ ⓒ ⓓ	47	ⓐ ⓑ ⓒ ⓓ	67	ⓐ ⓑ ⓒ ⓓ	87	ⓐ ⓑ ⓒ ⓓ
8	ⓐ ⓑ ⓒ ⓓ	28	ⓐ ⓑ ⓒ ⓓ	48	ⓐ ⓑ ⓒ ⓓ	68	ⓐ ⓑ ⓒ ⓓ	88	ⓐ ⓑ ⓒ ⓓ
9	ⓐ ⓑ ⓒ ⓓ	29	ⓐ ⓑ ⓒ ⓓ	49	ⓐ ⓑ ⓒ ⓓ	69	ⓐ ⓑ ⓒ ⓓ	89	ⓐ ⓑ ⓒ ⓓ
10	ⓐ ⓑ ⓒ ⓓ	30	ⓐ ⓑ ⓒ ⓓ	50	ⓐ ⓑ ⓒ ⓓ	70	ⓐ ⓑ ⓒ ⓓ	90	ⓐ ⓑ ⓒ ⓓ
11	ⓐ ⓑ ⓒ ⓓ	31	ⓐ ⓑ ⓒ ⓓ	51	ⓐ ⓑ ⓒ ⓓ	71	ⓐ ⓑ ⓒ ⓓ	91	ⓐ ⓑ ⓒ ⓓ
12	ⓐ ⓑ ⓒ ⓓ	32	ⓐ ⓑ ⓒ ⓓ	52	ⓐ ⓑ ⓒ ⓓ	72	ⓐ ⓑ ⓒ ⓓ	92	ⓐ ⓑ ⓒ ⓓ
13	ⓐ ⓑ ⓒ ⓓ	33	ⓐ ⓑ ⓒ ⓓ	53	ⓐ ⓑ ⓒ ⓓ	73	ⓐ ⓑ ⓒ ⓓ	93	ⓐ ⓑ ⓒ ⓓ
14	ⓐ ⓑ ⓒ ⓓ	34	ⓐ ⓑ ⓒ ⓓ	54	ⓐ ⓑ ⓒ ⓓ	74	ⓐ ⓑ ⓒ ⓓ	94	ⓐ ⓑ ⓒ ⓓ
15	ⓐ ⓑ ⓒ ⓓ	35	ⓐ ⓑ ⓒ ⓓ	55	ⓐ ⓑ ⓒ ⓓ	75	ⓐ ⓑ ⓒ ⓓ	95	ⓐ ⓑ ⓒ ⓓ
16	ⓐ ⓑ ⓒ ⓓ	36	ⓐ ⓑ ⓒ ⓓ	56	ⓐ ⓑ ⓒ ⓓ	76	ⓐ ⓑ ⓒ ⓓ	96	ⓐ ⓑ ⓒ ⓓ
17	ⓐ ⓑ ⓒ ⓓ	37	ⓐ ⓑ ⓒ ⓓ	57	ⓐ ⓑ ⓒ ⓓ	77	ⓐ ⓑ ⓒ ⓓ	97	ⓐ ⓑ ⓒ ⓓ
18	ⓐ ⓑ ⓒ ⓓ	38	ⓐ ⓑ ⓒ ⓓ	58	ⓐ ⓑ ⓒ ⓓ	78	ⓐ ⓑ ⓒ ⓓ	98	ⓐ ⓑ ⓒ ⓓ
19	ⓐ ⓑ ⓒ ⓓ	39	ⓐ ⓑ ⓒ ⓓ	59	ⓐ ⓑ ⓒ ⓓ	79	ⓐ ⓑ ⓒ ⓓ	99	ⓐ ⓑ ⓒ ⓓ
20	ⓐ ⓑ ⓒ ⓓ	40	ⓐ ⓑ ⓒ ⓓ	60	ⓐ ⓑ ⓒ ⓓ	80	ⓐ ⓑ ⓒ ⓓ	100	ⓐ ⓑ ⓒ ⓓ

読 解

NO	ANSWER A B C D	NO	ANSWER A B C D	NO	ANSWER A B C D	NO	ANSWER A B C D	NO	ANSWER A B C D
101	ⓐ ⓑ ⓒ ⓓ	121	ⓐ ⓑ ⓒ ⓓ	141	ⓐ ⓑ ⓒ ⓓ	161	ⓐ ⓑ ⓒ ⓓ	181	ⓐ ⓑ ⓒ ⓓ
102	ⓐ ⓑ ⓒ ⓓ	122	ⓐ ⓑ ⓒ ⓓ	142	ⓐ ⓑ ⓒ ⓓ	162	ⓐ ⓑ ⓒ ⓓ	182	ⓐ ⓑ ⓒ ⓓ
103	ⓐ ⓑ ⓒ ⓓ	123	ⓐ ⓑ ⓒ ⓓ	143	ⓐ ⓑ ⓒ ⓓ	163	ⓐ ⓑ ⓒ ⓓ	183	ⓐ ⓑ ⓒ ⓓ
104	ⓐ ⓑ ⓒ ⓓ	124	ⓐ ⓑ ⓒ ⓓ	144	ⓐ ⓑ ⓒ ⓓ	164	ⓐ ⓑ ⓒ ⓓ	184	ⓐ ⓑ ⓒ ⓓ
105	ⓐ ⓑ ⓒ ⓓ	125	ⓐ ⓑ ⓒ ⓓ	145	ⓐ ⓑ ⓒ ⓓ	165	ⓐ ⓑ ⓒ ⓓ	185	ⓐ ⓑ ⓒ ⓓ
106	ⓐ ⓑ ⓒ ⓓ	126	ⓐ ⓑ ⓒ ⓓ	146	ⓐ ⓑ ⓒ ⓓ	166	ⓐ ⓑ ⓒ ⓓ	186	ⓐ ⓑ ⓒ ⓓ
107	ⓐ ⓑ ⓒ ⓓ	127	ⓐ ⓑ ⓒ ⓓ	147	ⓐ ⓑ ⓒ ⓓ	167	ⓐ ⓑ ⓒ ⓓ	187	ⓐ ⓑ ⓒ ⓓ
108	ⓐ ⓑ ⓒ ⓓ	128	ⓐ ⓑ ⓒ ⓓ	148	ⓐ ⓑ ⓒ ⓓ	168	ⓐ ⓑ ⓒ ⓓ	188	ⓐ ⓑ ⓒ ⓓ
109	ⓐ ⓑ ⓒ ⓓ	129	ⓐ ⓑ ⓒ ⓓ	149	ⓐ ⓑ ⓒ ⓓ	169	ⓐ ⓑ ⓒ ⓓ	189	ⓐ ⓑ ⓒ ⓓ
110	ⓐ ⓑ ⓒ ⓓ	130	ⓐ ⓑ ⓒ ⓓ	150	ⓐ ⓑ ⓒ ⓓ	170	ⓐ ⓑ ⓒ ⓓ	190	ⓐ ⓑ ⓒ ⓓ
111	ⓐ ⓑ ⓒ ⓓ	131	ⓐ ⓑ ⓒ ⓓ	151	ⓐ ⓑ ⓒ ⓓ	171	ⓐ ⓑ ⓒ ⓓ	191	ⓐ ⓑ ⓒ ⓓ
112	ⓐ ⓑ ⓒ ⓓ	132	ⓐ ⓑ ⓒ ⓓ	152	ⓐ ⓑ ⓒ ⓓ	172	ⓐ ⓑ ⓒ ⓓ	192	ⓐ ⓑ ⓒ ⓓ
113	ⓐ ⓑ ⓒ ⓓ	133	ⓐ ⓑ ⓒ ⓓ	153	ⓐ ⓑ ⓒ ⓓ	173	ⓐ ⓑ ⓒ ⓓ	193	ⓐ ⓑ ⓒ ⓓ
114	ⓐ ⓑ ⓒ ⓓ	134	ⓐ ⓑ ⓒ ⓓ	154	ⓐ ⓑ ⓒ ⓓ	174	ⓐ ⓑ ⓒ ⓓ	194	ⓐ ⓑ ⓒ ⓓ
115	ⓐ ⓑ ⓒ ⓓ	135	ⓐ ⓑ ⓒ ⓓ	155	ⓐ ⓑ ⓒ ⓓ	175	ⓐ ⓑ ⓒ ⓓ	195	ⓐ ⓑ ⓒ ⓓ
116	ⓐ ⓑ ⓒ ⓓ	136	ⓐ ⓑ ⓒ ⓓ	156	ⓐ ⓑ ⓒ ⓓ	176	ⓐ ⓑ ⓒ ⓓ	196	ⓐ ⓑ ⓒ ⓓ
117	ⓐ ⓑ ⓒ ⓓ	137	ⓐ ⓑ ⓒ ⓓ	157	ⓐ ⓑ ⓒ ⓓ	177	ⓐ ⓑ ⓒ ⓓ	197	ⓐ ⓑ ⓒ ⓓ
118	ⓐ ⓑ ⓒ ⓓ	138	ⓐ ⓑ ⓒ ⓓ	158	ⓐ ⓑ ⓒ ⓓ	178	ⓐ ⓑ ⓒ ⓓ	198	ⓐ ⓑ ⓒ ⓓ
119	ⓐ ⓑ ⓒ ⓓ	139	ⓐ ⓑ ⓒ ⓓ	159	ⓐ ⓑ ⓒ ⓓ	179	ⓐ ⓑ ⓒ ⓓ	199	ⓐ ⓑ ⓒ ⓓ
120	ⓐ ⓑ ⓒ ⓓ	140	ⓐ ⓑ ⓒ ⓓ	160	ⓐ ⓑ ⓒ ⓓ	180	ⓐ ⓑ ⓒ ⓓ	200	ⓐ ⓑ ⓒ ⓓ

ANSWER SHEET

JPT 실전 모의고사 5회

수험번호

성명 (한글 / 한자 / 영자)

좌석번호

A B C D E
① ② ③ ④ ⑤ ⑥ ⑦

聴解

NO	A	B	C	D	NO	A	B	C	D	NO	A	B	C	D	NO	A	B	C	D
1	ⓐ	ⓑ	ⓒ	ⓓ	21	ⓐ	ⓑ	ⓒ	ⓓ	41	ⓐ	ⓑ	ⓒ	ⓓ	61	ⓐ	ⓑ	ⓒ	ⓓ
2	ⓐ	ⓑ	ⓒ	ⓓ	22	ⓐ	ⓑ	ⓒ	ⓓ	42	ⓐ	ⓑ	ⓒ	ⓓ	62	ⓐ	ⓑ	ⓒ	ⓓ
3	ⓐ	ⓑ	ⓒ	ⓓ	23	ⓐ	ⓑ	ⓒ	ⓓ	43	ⓐ	ⓑ	ⓒ	ⓓ	63	ⓐ	ⓑ	ⓒ	ⓓ
4	ⓐ	ⓑ	ⓒ	ⓓ	24	ⓐ	ⓑ	ⓒ	ⓓ	44	ⓐ	ⓑ	ⓒ	ⓓ	64	ⓐ	ⓑ	ⓒ	ⓓ
5	ⓐ	ⓑ	ⓒ	ⓓ	25	ⓐ	ⓑ	ⓒ	ⓓ	45	ⓐ	ⓑ	ⓒ	ⓓ	65	ⓐ	ⓑ	ⓒ	ⓓ
6	ⓐ	ⓑ	ⓒ	ⓓ	26	ⓐ	ⓑ	ⓒ	ⓓ	46	ⓐ	ⓑ	ⓒ	ⓓ	66	ⓐ	ⓑ	ⓒ	ⓓ
7	ⓐ	ⓑ	ⓒ	ⓓ	27	ⓐ	ⓑ	ⓒ	ⓓ	47	ⓐ	ⓑ	ⓒ	ⓓ	67	ⓐ	ⓑ	ⓒ	ⓓ
8	ⓐ	ⓑ	ⓒ	ⓓ	28	ⓐ	ⓑ	ⓒ	ⓓ	48	ⓐ	ⓑ	ⓒ	ⓓ	68	ⓐ	ⓑ	ⓒ	ⓓ
9	ⓐ	ⓑ	ⓒ	ⓓ	29	ⓐ	ⓑ	ⓒ	ⓓ	49	ⓐ	ⓑ	ⓒ	ⓓ	69	ⓐ	ⓑ	ⓒ	ⓓ
10	ⓐ	ⓑ	ⓒ	ⓓ	30	ⓐ	ⓑ	ⓒ	ⓓ	50	ⓐ	ⓑ	ⓒ	ⓓ	70	ⓐ	ⓑ	ⓒ	ⓓ
11	ⓐ	ⓑ	ⓒ	ⓓ	31	ⓐ	ⓑ	ⓒ	ⓓ	51	ⓐ	ⓑ	ⓒ	ⓓ	71	ⓐ	ⓑ	ⓒ	ⓓ
12	ⓐ	ⓑ	ⓒ	ⓓ	32	ⓐ	ⓑ	ⓒ	ⓓ	52	ⓐ	ⓑ	ⓒ	ⓓ	72	ⓐ	ⓑ	ⓒ	ⓓ
13	ⓐ	ⓑ	ⓒ	ⓓ	33	ⓐ	ⓑ	ⓒ	ⓓ	53	ⓐ	ⓑ	ⓒ	ⓓ	73	ⓐ	ⓑ	ⓒ	ⓓ
14	ⓐ	ⓑ	ⓒ	ⓓ	34	ⓐ	ⓑ	ⓒ	ⓓ	54	ⓐ	ⓑ	ⓒ	ⓓ	74	ⓐ	ⓑ	ⓒ	ⓓ
15	ⓐ	ⓑ	ⓒ	ⓓ	35	ⓐ	ⓑ	ⓒ	ⓓ	55	ⓐ	ⓑ	ⓒ	ⓓ	75	ⓐ	ⓑ	ⓒ	ⓓ
16	ⓐ	ⓑ	ⓒ	ⓓ	36	ⓐ	ⓑ	ⓒ	ⓓ	56	ⓐ	ⓑ	ⓒ	ⓓ	76	ⓐ	ⓑ	ⓒ	ⓓ
17	ⓐ	ⓑ	ⓒ	ⓓ	37	ⓐ	ⓑ	ⓒ	ⓓ	57	ⓐ	ⓑ	ⓒ	ⓓ	77	ⓐ	ⓑ	ⓒ	ⓓ
18	ⓐ	ⓑ	ⓒ	ⓓ	38	ⓐ	ⓑ	ⓒ	ⓓ	58	ⓐ	ⓑ	ⓒ	ⓓ	78	ⓐ	ⓑ	ⓒ	ⓓ
19	ⓐ	ⓑ	ⓒ	ⓓ	39	ⓐ	ⓑ	ⓒ	ⓓ	59	ⓐ	ⓑ	ⓒ	ⓓ	79	ⓐ	ⓑ	ⓒ	ⓓ
20	ⓐ	ⓑ	ⓒ	ⓓ	40	ⓐ	ⓑ	ⓒ	ⓓ	60	ⓐ	ⓑ	ⓒ	ⓓ	80	ⓐ	ⓑ	ⓒ	ⓓ

NO	A	B	C	D
81	ⓐ	ⓑ	ⓒ	ⓓ
82	ⓐ	ⓑ	ⓒ	ⓓ
83	ⓐ	ⓑ	ⓒ	ⓓ
84	ⓐ	ⓑ	ⓒ	ⓓ
85	ⓐ	ⓑ	ⓒ	ⓓ
86	ⓐ	ⓑ	ⓒ	ⓓ
87	ⓐ	ⓑ	ⓒ	ⓓ
88	ⓐ	ⓑ	ⓒ	ⓓ
89	ⓐ	ⓑ	ⓒ	ⓓ
90	ⓐ	ⓑ	ⓒ	ⓓ
91	ⓐ	ⓑ	ⓒ	ⓓ
92	ⓐ	ⓑ	ⓒ	ⓓ
93	ⓐ	ⓑ	ⓒ	ⓓ
94	ⓐ	ⓑ	ⓒ	ⓓ
95	ⓐ	ⓑ	ⓒ	ⓓ
96	ⓐ	ⓑ	ⓒ	ⓓ
97	ⓐ	ⓑ	ⓒ	ⓓ
98	ⓐ	ⓑ	ⓒ	ⓓ
99	ⓐ	ⓑ	ⓒ	ⓓ
100	ⓐ	ⓑ	ⓒ	ⓓ

読解

NO	A	B	C	D	NO	A	B	C	D	NO	A	B	C	D	NO	A	B	C	D	NO	A	B	C	D
101	ⓐ	ⓑ	ⓒ	ⓓ	121	ⓐ	ⓑ	ⓒ	ⓓ	141	ⓐ	ⓑ	ⓒ	ⓓ	161	ⓐ	ⓑ	ⓒ	ⓓ	181	ⓐ	ⓑ	ⓒ	ⓓ
102	ⓐ	ⓑ	ⓒ	ⓓ	122	ⓐ	ⓑ	ⓒ	ⓓ	142	ⓐ	ⓑ	ⓒ	ⓓ	162	ⓐ	ⓑ	ⓒ	ⓓ	182	ⓐ	ⓑ	ⓒ	ⓓ
103	ⓐ	ⓑ	ⓒ	ⓓ	123	ⓐ	ⓑ	ⓒ	ⓓ	143	ⓐ	ⓑ	ⓒ	ⓓ	163	ⓐ	ⓑ	ⓒ	ⓓ	183	ⓐ	ⓑ	ⓒ	ⓓ
104	ⓐ	ⓑ	ⓒ	ⓓ	124	ⓐ	ⓑ	ⓒ	ⓓ	144	ⓐ	ⓑ	ⓒ	ⓓ	164	ⓐ	ⓑ	ⓒ	ⓓ	184	ⓐ	ⓑ	ⓒ	ⓓ
105	ⓐ	ⓑ	ⓒ	ⓓ	125	ⓐ	ⓑ	ⓒ	ⓓ	145	ⓐ	ⓑ	ⓒ	ⓓ	165	ⓐ	ⓑ	ⓒ	ⓓ	185	ⓐ	ⓑ	ⓒ	ⓓ
106	ⓐ	ⓑ	ⓒ	ⓓ	126	ⓐ	ⓑ	ⓒ	ⓓ	146	ⓐ	ⓑ	ⓒ	ⓓ	166	ⓐ	ⓑ	ⓒ	ⓓ	186	ⓐ	ⓑ	ⓒ	ⓓ
107	ⓐ	ⓑ	ⓒ	ⓓ	127	ⓐ	ⓑ	ⓒ	ⓓ	147	ⓐ	ⓑ	ⓒ	ⓓ	167	ⓐ	ⓑ	ⓒ	ⓓ	187	ⓐ	ⓑ	ⓒ	ⓓ
108	ⓐ	ⓑ	ⓒ	ⓓ	128	ⓐ	ⓑ	ⓒ	ⓓ	148	ⓐ	ⓑ	ⓒ	ⓓ	168	ⓐ	ⓑ	ⓒ	ⓓ	188	ⓐ	ⓑ	ⓒ	ⓓ
109	ⓐ	ⓑ	ⓒ	ⓓ	129	ⓐ	ⓑ	ⓒ	ⓓ	149	ⓐ	ⓑ	ⓒ	ⓓ	169	ⓐ	ⓑ	ⓒ	ⓓ	189	ⓐ	ⓑ	ⓒ	ⓓ
110	ⓐ	ⓑ	ⓒ	ⓓ	130	ⓐ	ⓑ	ⓒ	ⓓ	150	ⓐ	ⓑ	ⓒ	ⓓ	170	ⓐ	ⓑ	ⓒ	ⓓ	190	ⓐ	ⓑ	ⓒ	ⓓ
111	ⓐ	ⓑ	ⓒ	ⓓ	131	ⓐ	ⓑ	ⓒ	ⓓ	151	ⓐ	ⓑ	ⓒ	ⓓ	171	ⓐ	ⓑ	ⓒ	ⓓ	191	ⓐ	ⓑ	ⓒ	ⓓ
112	ⓐ	ⓑ	ⓒ	ⓓ	132	ⓐ	ⓑ	ⓒ	ⓓ	152	ⓐ	ⓑ	ⓒ	ⓓ	172	ⓐ	ⓑ	ⓒ	ⓓ	192	ⓐ	ⓑ	ⓒ	ⓓ
113	ⓐ	ⓑ	ⓒ	ⓓ	133	ⓐ	ⓑ	ⓒ	ⓓ	153	ⓐ	ⓑ	ⓒ	ⓓ	173	ⓐ	ⓑ	ⓒ	ⓓ	193	ⓐ	ⓑ	ⓒ	ⓓ
114	ⓐ	ⓑ	ⓒ	ⓓ	134	ⓐ	ⓑ	ⓒ	ⓓ	154	ⓐ	ⓑ	ⓒ	ⓓ	174	ⓐ	ⓑ	ⓒ	ⓓ	194	ⓐ	ⓑ	ⓒ	ⓓ
115	ⓐ	ⓑ	ⓒ	ⓓ	135	ⓐ	ⓑ	ⓒ	ⓓ	155	ⓐ	ⓑ	ⓒ	ⓓ	175	ⓐ	ⓑ	ⓒ	ⓓ	195	ⓐ	ⓑ	ⓒ	ⓓ
116	ⓐ	ⓑ	ⓒ	ⓓ	136	ⓐ	ⓑ	ⓒ	ⓓ	156	ⓐ	ⓑ	ⓒ	ⓓ	176	ⓐ	ⓑ	ⓒ	ⓓ	196	ⓐ	ⓑ	ⓒ	ⓓ
117	ⓐ	ⓑ	ⓒ	ⓓ	137	ⓐ	ⓑ	ⓒ	ⓓ	157	ⓐ	ⓑ	ⓒ	ⓓ	177	ⓐ	ⓑ	ⓒ	ⓓ	197	ⓐ	ⓑ	ⓒ	ⓓ
118	ⓐ	ⓑ	ⓒ	ⓓ	138	ⓐ	ⓑ	ⓒ	ⓓ	158	ⓐ	ⓑ	ⓒ	ⓓ	178	ⓐ	ⓑ	ⓒ	ⓓ	198	ⓐ	ⓑ	ⓒ	ⓓ
119	ⓐ	ⓑ	ⓒ	ⓓ	139	ⓐ	ⓑ	ⓒ	ⓓ	159	ⓐ	ⓑ	ⓒ	ⓓ	179	ⓐ	ⓑ	ⓒ	ⓓ	199	ⓐ	ⓑ	ⓒ	ⓓ
120	ⓐ	ⓑ	ⓒ	ⓓ	140	ⓐ	ⓑ	ⓒ	ⓓ	160	ⓐ	ⓑ	ⓒ	ⓓ	180	ⓐ	ⓑ	ⓒ	ⓓ	200	ⓐ	ⓑ	ⓒ	ⓓ

ANSWER SHEET

JPT 실전 모의고사 1회

수험번호 [ ][ ][ ][ ][ ][ ]

성명		
	한글	
	한자	
	영자	

좌석번호
Ⓐ Ⓑ Ⓒ Ⓓ Ⓔ
① ② ③ ④ ⑤ ⑥ ⑦

聴 解

NO	ANSWER	NO	ANSWER	NO	ANSWER	NO	ANSWER	NO	ANSWER
	A B C D		A B C D		A B C D		A B C D		A B C D
1	ⓐ ⓑ ⓒ ⓓ	21	ⓐ ⓑ ⓒ ⓓ	41	ⓐ ⓑ ⓒ ⓓ	61	ⓐ ⓑ ⓒ ⓓ	81	ⓐ ⓑ ⓒ ⓓ
2	ⓐ ⓑ ⓒ ⓓ	22	ⓐ ⓑ ⓒ ⓓ	42	ⓐ ⓑ ⓒ ⓓ	62	ⓐ ⓑ ⓒ ⓓ	82	ⓐ ⓑ ⓒ ⓓ
3	ⓐ ⓑ ⓒ ⓓ	23	ⓐ ⓑ ⓒ ⓓ	43	ⓐ ⓑ ⓒ ⓓ	63	ⓐ ⓑ ⓒ ⓓ	83	ⓐ ⓑ ⓒ ⓓ
4	ⓐ ⓑ ⓒ ⓓ	24	ⓐ ⓑ ⓒ ⓓ	44	ⓐ ⓑ ⓒ ⓓ	64	ⓐ ⓑ ⓒ ⓓ	84	ⓐ ⓑ ⓒ ⓓ
5	ⓐ ⓑ ⓒ ⓓ	25	ⓐ ⓑ ⓒ ⓓ	45	ⓐ ⓑ ⓒ ⓓ	65	ⓐ ⓑ ⓒ ⓓ	85	ⓐ ⓑ ⓒ ⓓ
6	ⓐ ⓑ ⓒ ⓓ	26	ⓐ ⓑ ⓒ ⓓ	46	ⓐ ⓑ ⓒ ⓓ	66	ⓐ ⓑ ⓒ ⓓ	86	ⓐ ⓑ ⓒ ⓓ
7	ⓐ ⓑ ⓒ ⓓ	27	ⓐ ⓑ ⓒ ⓓ	47	ⓐ ⓑ ⓒ ⓓ	67	ⓐ ⓑ ⓒ ⓓ	87	ⓐ ⓑ ⓒ ⓓ
8	ⓐ ⓑ ⓒ ⓓ	28	ⓐ ⓑ ⓒ ⓓ	48	ⓐ ⓑ ⓒ ⓓ	68	ⓐ ⓑ ⓒ ⓓ	88	ⓐ ⓑ ⓒ ⓓ
9	ⓐ ⓑ ⓒ ⓓ	29	ⓐ ⓑ ⓒ ⓓ	49	ⓐ ⓑ ⓒ ⓓ	69	ⓐ ⓑ ⓒ ⓓ	89	ⓐ ⓑ ⓒ ⓓ
10	ⓐ ⓑ ⓒ ⓓ	30	ⓐ ⓑ ⓒ ⓓ	50	ⓐ ⓑ ⓒ ⓓ	70	ⓐ ⓑ ⓒ ⓓ	90	ⓐ ⓑ ⓒ ⓓ
11	ⓐ ⓑ ⓒ ⓓ	31	ⓐ ⓑ ⓒ ⓓ	51	ⓐ ⓑ ⓒ ⓓ	71	ⓐ ⓑ ⓒ ⓓ	91	ⓐ ⓑ ⓒ ⓓ
12	ⓐ ⓑ ⓒ ⓓ	32	ⓐ ⓑ ⓒ ⓓ	52	ⓐ ⓑ ⓒ ⓓ	72	ⓐ ⓑ ⓒ ⓓ	92	ⓐ ⓑ ⓒ ⓓ
13	ⓐ ⓑ ⓒ ⓓ	33	ⓐ ⓑ ⓒ ⓓ	53	ⓐ ⓑ ⓒ ⓓ	73	ⓐ ⓑ ⓒ ⓓ	93	ⓐ ⓑ ⓒ ⓓ
14	ⓐ ⓑ ⓒ ⓓ	34	ⓐ ⓑ ⓒ ⓓ	54	ⓐ ⓑ ⓒ ⓓ	74	ⓐ ⓑ ⓒ ⓓ	94	ⓐ ⓑ ⓒ ⓓ
15	ⓐ ⓑ ⓒ ⓓ	35	ⓐ ⓑ ⓒ ⓓ	55	ⓐ ⓑ ⓒ ⓓ	75	ⓐ ⓑ ⓒ ⓓ	95	ⓐ ⓑ ⓒ ⓓ
16	ⓐ ⓑ ⓒ ⓓ	36	ⓐ ⓑ ⓒ ⓓ	56	ⓐ ⓑ ⓒ ⓓ	76	ⓐ ⓑ ⓒ ⓓ	96	ⓐ ⓑ ⓒ ⓓ
17	ⓐ ⓑ ⓒ ⓓ	37	ⓐ ⓑ ⓒ ⓓ	57	ⓐ ⓑ ⓒ ⓓ	77	ⓐ ⓑ ⓒ ⓓ	97	ⓐ ⓑ ⓒ ⓓ
18	ⓐ ⓑ ⓒ ⓓ	38	ⓐ ⓑ ⓒ ⓓ	58	ⓐ ⓑ ⓒ ⓓ	78	ⓐ ⓑ ⓒ ⓓ	98	ⓐ ⓑ ⓒ ⓓ
19	ⓐ ⓑ ⓒ ⓓ	39	ⓐ ⓑ ⓒ ⓓ	59	ⓐ ⓑ ⓒ ⓓ	79	ⓐ ⓑ ⓒ ⓓ	99	ⓐ ⓑ ⓒ ⓓ
20	ⓐ ⓑ ⓒ ⓓ	40	ⓐ ⓑ ⓒ ⓓ	60	ⓐ ⓑ ⓒ ⓓ	80	ⓐ ⓑ ⓒ ⓓ	100	ⓐ ⓑ ⓒ ⓓ

読 解

NO	ANSWER	NO	ANSWER	NO	ANSWER	NO	ANSWER	NO	ANSWER
	A B C D		A B C D		A B C D		A B C D		A B C D
101	ⓐ ⓑ ⓒ ⓓ	121	ⓐ ⓑ ⓒ ⓓ	141	ⓐ ⓑ ⓒ ⓓ	161	ⓐ ⓑ ⓒ ⓓ	181	ⓐ ⓑ ⓒ ⓓ
102	ⓐ ⓑ ⓒ ⓓ	122	ⓐ ⓑ ⓒ ⓓ	142	ⓐ ⓑ ⓒ ⓓ	162	ⓐ ⓑ ⓒ ⓓ	182	ⓐ ⓑ ⓒ ⓓ
103	ⓐ ⓑ ⓒ ⓓ	123	ⓐ ⓑ ⓒ ⓓ	143	ⓐ ⓑ ⓒ ⓓ	163	ⓐ ⓑ ⓒ ⓓ	183	ⓐ ⓑ ⓒ ⓓ
104	ⓐ ⓑ ⓒ ⓓ	124	ⓐ ⓑ ⓒ ⓓ	144	ⓐ ⓑ ⓒ ⓓ	164	ⓐ ⓑ ⓒ ⓓ	184	ⓐ ⓑ ⓒ ⓓ
105	ⓐ ⓑ ⓒ ⓓ	125	ⓐ ⓑ ⓒ ⓓ	145	ⓐ ⓑ ⓒ ⓓ	165	ⓐ ⓑ ⓒ ⓓ	185	ⓐ ⓑ ⓒ ⓓ
106	ⓐ ⓑ ⓒ ⓓ	126	ⓐ ⓑ ⓒ ⓓ	146	ⓐ ⓑ ⓒ ⓓ	166	ⓐ ⓑ ⓒ ⓓ	186	ⓐ ⓑ ⓒ ⓓ
107	ⓐ ⓑ ⓒ ⓓ	127	ⓐ ⓑ ⓒ ⓓ	147	ⓐ ⓑ ⓒ ⓓ	167	ⓐ ⓑ ⓒ ⓓ	187	ⓐ ⓑ ⓒ ⓓ
108	ⓐ ⓑ ⓒ ⓓ	128	ⓐ ⓑ ⓒ ⓓ	148	ⓐ ⓑ ⓒ ⓓ	168	ⓐ ⓑ ⓒ ⓓ	188	ⓐ ⓑ ⓒ ⓓ
109	ⓐ ⓑ ⓒ ⓓ	129	ⓐ ⓑ ⓒ ⓓ	149	ⓐ ⓑ ⓒ ⓓ	169	ⓐ ⓑ ⓒ ⓓ	189	ⓐ ⓑ ⓒ ⓓ
110	ⓐ ⓑ ⓒ ⓓ	130	ⓐ ⓑ ⓒ ⓓ	150	ⓐ ⓑ ⓒ ⓓ	170	ⓐ ⓑ ⓒ ⓓ	190	ⓐ ⓑ ⓒ ⓓ
111	ⓐ ⓑ ⓒ ⓓ	131	ⓐ ⓑ ⓒ ⓓ	151	ⓐ ⓑ ⓒ ⓓ	171	ⓐ ⓑ ⓒ ⓓ	191	ⓐ ⓑ ⓒ ⓓ
112	ⓐ ⓑ ⓒ ⓓ	132	ⓐ ⓑ ⓒ ⓓ	152	ⓐ ⓑ ⓒ ⓓ	172	ⓐ ⓑ ⓒ ⓓ	192	ⓐ ⓑ ⓒ ⓓ
113	ⓐ ⓑ ⓒ ⓓ	133	ⓐ ⓑ ⓒ ⓓ	153	ⓐ ⓑ ⓒ ⓓ	173	ⓐ ⓑ ⓒ ⓓ	193	ⓐ ⓑ ⓒ ⓓ
114	ⓐ ⓑ ⓒ ⓓ	134	ⓐ ⓑ ⓒ ⓓ	154	ⓐ ⓑ ⓒ ⓓ	174	ⓐ ⓑ ⓒ ⓓ	194	ⓐ ⓑ ⓒ ⓓ
115	ⓐ ⓑ ⓒ ⓓ	135	ⓐ ⓑ ⓒ ⓓ	155	ⓐ ⓑ ⓒ ⓓ	175	ⓐ ⓑ ⓒ ⓓ	195	ⓐ ⓑ ⓒ ⓓ
116	ⓐ ⓑ ⓒ ⓓ	136	ⓐ ⓑ ⓒ ⓓ	156	ⓐ ⓑ ⓒ ⓓ	176	ⓐ ⓑ ⓒ ⓓ	196	ⓐ ⓑ ⓒ ⓓ
117	ⓐ ⓑ ⓒ ⓓ	137	ⓐ ⓑ ⓒ ⓓ	157	ⓐ ⓑ ⓒ ⓓ	177	ⓐ ⓑ ⓒ ⓓ	197	ⓐ ⓑ ⓒ ⓓ
118	ⓐ ⓑ ⓒ ⓓ	138	ⓐ ⓑ ⓒ ⓓ	158	ⓐ ⓑ ⓒ ⓓ	178	ⓐ ⓑ ⓒ ⓓ	198	ⓐ ⓑ ⓒ ⓓ
119	ⓐ ⓑ ⓒ ⓓ	139	ⓐ ⓑ ⓒ ⓓ	159	ⓐ ⓑ ⓒ ⓓ	179	ⓐ ⓑ ⓒ ⓓ	199	ⓐ ⓑ ⓒ ⓓ
120	ⓐ ⓑ ⓒ ⓓ	140	ⓐ ⓑ ⓒ ⓓ	160	ⓐ ⓑ ⓒ ⓓ	180	ⓐ ⓑ ⓒ ⓓ	200	ⓐ ⓑ ⓒ ⓓ

ANSWER SHEET

JPT 실전 모의고사 2회

수험번호

성명
한글
한자
영자

좌석번호
Ⓐ Ⓑ Ⓒ Ⓓ Ⓔ
① ② ③ ④ ⑤ ⑥ ⑦

聽　解

NO	ANSWER (A B C D)	NO	ANSWER (A B C D)	NO	ANSWER (A B C D)	NO	ANSWER (A B C D)	NO	ANSWER (A B C D)
1	ⓐⓑⓒⓓ	21	ⓐⓑⓒⓓ	41	ⓐⓑⓒⓓ	61	ⓐⓑⓒⓓ	81	ⓐⓑⓒⓓ
2	ⓐⓑⓒⓓ	22	ⓐⓑⓒⓓ	42	ⓐⓑⓒⓓ	62	ⓐⓑⓒⓓ	82	ⓐⓑⓒⓓ
3	ⓐⓑⓒⓓ	23	ⓐⓑⓒⓓ	43	ⓐⓑⓒⓓ	63	ⓐⓑⓒⓓ	83	ⓐⓑⓒⓓ
4	ⓐⓑⓒⓓ	24	ⓐⓑⓒⓓ	44	ⓐⓑⓒⓓ	64	ⓐⓑⓒⓓ	84	ⓐⓑⓒⓓ
5	ⓐⓑⓒⓓ	25	ⓐⓑⓒⓓ	45	ⓐⓑⓒⓓ	65	ⓐⓑⓒⓓ	85	ⓐⓑⓒⓓ
6	ⓐⓑⓒⓓ	26	ⓐⓑⓒⓓ	46	ⓐⓑⓒⓓ	66	ⓐⓑⓒⓓ	86	ⓐⓑⓒⓓ
7	ⓐⓑⓒⓓ	27	ⓐⓑⓒⓓ	47	ⓐⓑⓒⓓ	67	ⓐⓑⓒⓓ	87	ⓐⓑⓒⓓ
8	ⓐⓑⓒⓓ	28	ⓐⓑⓒⓓ	48	ⓐⓑⓒⓓ	68	ⓐⓑⓒⓓ	88	ⓐⓑⓒⓓ
9	ⓐⓑⓒⓓ	29	ⓐⓑⓒⓓ	49	ⓐⓑⓒⓓ	69	ⓐⓑⓒⓓ	89	ⓐⓑⓒⓓ
10	ⓐⓑⓒⓓ	30	ⓐⓑⓒⓓ	50	ⓐⓑⓒⓓ	70	ⓐⓑⓒⓓ	90	ⓐⓑⓒⓓ
11	ⓐⓑⓒⓓ	31	ⓐⓑⓒⓓ	51	ⓐⓑⓒⓓ	71	ⓐⓑⓒⓓ	91	ⓐⓑⓒⓓ
12	ⓐⓑⓒⓓ	32	ⓐⓑⓒⓓ	52	ⓐⓑⓒⓓ	72	ⓐⓑⓒⓓ	92	ⓐⓑⓒⓓ
13	ⓐⓑⓒⓓ	33	ⓐⓑⓒⓓ	53	ⓐⓑⓒⓓ	73	ⓐⓑⓒⓓ	93	ⓐⓑⓒⓓ
14	ⓐⓑⓒⓓ	34	ⓐⓑⓒⓓ	54	ⓐⓑⓒⓓ	74	ⓐⓑⓒⓓ	94	ⓐⓑⓒⓓ
15	ⓐⓑⓒⓓ	35	ⓐⓑⓒⓓ	55	ⓐⓑⓒⓓ	75	ⓐⓑⓒⓓ	95	ⓐⓑⓒⓓ
16	ⓐⓑⓒⓓ	36	ⓐⓑⓒⓓ	56	ⓐⓑⓒⓓ	76	ⓐⓑⓒⓓ	96	ⓐⓑⓒⓓ
17	ⓐⓑⓒⓓ	37	ⓐⓑⓒⓓ	57	ⓐⓑⓒⓓ	77	ⓐⓑⓒⓓ	97	ⓐⓑⓒⓓ
18	ⓐⓑⓒⓓ	38	ⓐⓑⓒⓓ	58	ⓐⓑⓒⓓ	78	ⓐⓑⓒⓓ	98	ⓐⓑⓒⓓ
19	ⓐⓑⓒⓓ	39	ⓐⓑⓒⓓ	59	ⓐⓑⓒⓓ	79	ⓐⓑⓒⓓ	99	ⓐⓑⓒⓓ
20	ⓐⓑⓒⓓ	40	ⓐⓑⓒⓓ	60	ⓐⓑⓒⓓ	80	ⓐⓑⓒⓓ	100	ⓐⓑⓒⓓ

讀　解

NO	ANSWER (A B C D)	NO	ANSWER (A B C D)	NO	ANSWER (A B C D)	NO	ANSWER (A B C D)	NO	ANSWER (A B C D)
101	ⓐⓑⓒⓓ	121	ⓐⓑⓒⓓ	141	ⓐⓑⓒⓓ	161	ⓐⓑⓒⓓ	181	ⓐⓑⓒⓓ
102	ⓐⓑⓒⓓ	122	ⓐⓑⓒⓓ	142	ⓐⓑⓒⓓ	162	ⓐⓑⓒⓓ	182	ⓐⓑⓒⓓ
103	ⓐⓑⓒⓓ	123	ⓐⓑⓒⓓ	143	ⓐⓑⓒⓓ	163	ⓐⓑⓒⓓ	183	ⓐⓑⓒⓓ
104	ⓐⓑⓒⓓ	124	ⓐⓑⓒⓓ	144	ⓐⓑⓒⓓ	164	ⓐⓑⓒⓓ	184	ⓐⓑⓒⓓ
105	ⓐⓑⓒⓓ	125	ⓐⓑⓒⓓ	145	ⓐⓑⓒⓓ	165	ⓐⓑⓒⓓ	185	ⓐⓑⓒⓓ
106	ⓐⓑⓒⓓ	126	ⓐⓑⓒⓓ	146	ⓐⓑⓒⓓ	166	ⓐⓑⓒⓓ	186	ⓐⓑⓒⓓ
107	ⓐⓑⓒⓓ	127	ⓐⓑⓒⓓ	147	ⓐⓑⓒⓓ	167	ⓐⓑⓒⓓ	187	ⓐⓑⓒⓓ
108	ⓐⓑⓒⓓ	128	ⓐⓑⓒⓓ	148	ⓐⓑⓒⓓ	168	ⓐⓑⓒⓓ	188	ⓐⓑⓒⓓ
109	ⓐⓑⓒⓓ	129	ⓐⓑⓒⓓ	149	ⓐⓑⓒⓓ	169	ⓐⓑⓒⓓ	189	ⓐⓑⓒⓓ
110	ⓐⓑⓒⓓ	130	ⓐⓑⓒⓓ	150	ⓐⓑⓒⓓ	170	ⓐⓑⓒⓓ	190	ⓐⓑⓒⓓ
111	ⓐⓑⓒⓓ	131	ⓐⓑⓒⓓ	151	ⓐⓑⓒⓓ	171	ⓐⓑⓒⓓ	191	ⓐⓑⓒⓓ
112	ⓐⓑⓒⓓ	132	ⓐⓑⓒⓓ	152	ⓐⓑⓒⓓ	172	ⓐⓑⓒⓓ	192	ⓐⓑⓒⓓ
113	ⓐⓑⓒⓓ	133	ⓐⓑⓒⓓ	153	ⓐⓑⓒⓓ	173	ⓐⓑⓒⓓ	193	ⓐⓑⓒⓓ
114	ⓐⓑⓒⓓ	134	ⓐⓑⓒⓓ	154	ⓐⓑⓒⓓ	174	ⓐⓑⓒⓓ	194	ⓐⓑⓒⓓ
115	ⓐⓑⓒⓓ	135	ⓐⓑⓒⓓ	155	ⓐⓑⓒⓓ	175	ⓐⓑⓒⓓ	195	ⓐⓑⓒⓓ
116	ⓐⓑⓒⓓ	136	ⓐⓑⓒⓓ	156	ⓐⓑⓒⓓ	176	ⓐⓑⓒⓓ	196	ⓐⓑⓒⓓ
117	ⓐⓑⓒⓓ	137	ⓐⓑⓒⓓ	157	ⓐⓑⓒⓓ	177	ⓐⓑⓒⓓ	197	ⓐⓑⓒⓓ
118	ⓐⓑⓒⓓ	138	ⓐⓑⓒⓓ	158	ⓐⓑⓒⓓ	178	ⓐⓑⓒⓓ	198	ⓐⓑⓒⓓ
119	ⓐⓑⓒⓓ	139	ⓐⓑⓒⓓ	159	ⓐⓑⓒⓓ	179	ⓐⓑⓒⓓ	199	ⓐⓑⓒⓓ
120	ⓐⓑⓒⓓ	140	ⓐⓑⓒⓓ	160	ⓐⓑⓒⓓ	180	ⓐⓑⓒⓓ	200	ⓐⓑⓒⓓ

ANSWER SHEET

JPT 실전 모의고사 3회

수험번호

성명 / 한글 / 한자 / 영자

좌석번호
Ⓐ Ⓑ ⓒ Ⓓ Ⓔ
① ② ③ ④ ⑤ ⑥ ⑦

聽解

NO	A B C D	NO	A B C D	NO	A B C D	NO	A B C D	NO	A B C D
1	ⓐ ⓑ ⓒ ⓓ	21	ⓐ ⓑ ⓒ ⓓ	41	ⓐ ⓑ ⓒ ⓓ	61	ⓐ ⓑ ⓒ ⓓ	81	ⓐ ⓑ ⓒ ⓓ
2	ⓐ ⓑ ⓒ ⓓ	22	ⓐ ⓑ ⓒ ⓓ	42	ⓐ ⓑ ⓒ ⓓ	62	ⓐ ⓑ ⓒ ⓓ	82	ⓐ ⓑ ⓒ ⓓ
3	ⓐ ⓑ ⓒ ⓓ	23	ⓐ ⓑ ⓒ ⓓ	43	ⓐ ⓑ ⓒ ⓓ	63	ⓐ ⓑ ⓒ ⓓ	83	ⓐ ⓑ ⓒ ⓓ
4	ⓐ ⓑ ⓒ ⓓ	24	ⓐ ⓑ ⓒ ⓓ	44	ⓐ ⓑ ⓒ ⓓ	64	ⓐ ⓑ ⓒ ⓓ	84	ⓐ ⓑ ⓒ ⓓ
5	ⓐ ⓑ ⓒ ⓓ	25	ⓐ ⓑ ⓒ ⓓ	45	ⓐ ⓑ ⓒ ⓓ	65	ⓐ ⓑ ⓒ ⓓ	85	ⓐ ⓑ ⓒ ⓓ
6	ⓐ ⓑ ⓒ ⓓ	26	ⓐ ⓑ ⓒ ⓓ	46	ⓐ ⓑ ⓒ ⓓ	66	ⓐ ⓑ ⓒ ⓓ	86	ⓐ ⓑ ⓒ ⓓ
7	ⓐ ⓑ ⓒ ⓓ	27	ⓐ ⓑ ⓒ ⓓ	47	ⓐ ⓑ ⓒ ⓓ	67	ⓐ ⓑ ⓒ ⓓ	87	ⓐ ⓑ ⓒ ⓓ
8	ⓐ ⓑ ⓒ ⓓ	28	ⓐ ⓑ ⓒ ⓓ	48	ⓐ ⓑ ⓒ ⓓ	68	ⓐ ⓑ ⓒ ⓓ	88	ⓐ ⓑ ⓒ ⓓ
9	ⓐ ⓑ ⓒ ⓓ	29	ⓐ ⓑ ⓒ ⓓ	49	ⓐ ⓑ ⓒ ⓓ	69	ⓐ ⓑ ⓒ ⓓ	89	ⓐ ⓑ ⓒ ⓓ
10	ⓐ ⓑ ⓒ ⓓ	30	ⓐ ⓑ ⓒ ⓓ	50	ⓐ ⓑ ⓒ ⓓ	70	ⓐ ⓑ ⓒ ⓓ	90	ⓐ ⓑ ⓒ ⓓ
11	ⓐ ⓑ ⓒ ⓓ	31	ⓐ ⓑ ⓒ ⓓ	51	ⓐ ⓑ ⓒ ⓓ	71	ⓐ ⓑ ⓒ ⓓ	91	ⓐ ⓑ ⓒ ⓓ
12	ⓐ ⓑ ⓒ ⓓ	32	ⓐ ⓑ ⓒ ⓓ	52	ⓐ ⓑ ⓒ ⓓ	72	ⓐ ⓑ ⓒ ⓓ	92	ⓐ ⓑ ⓒ ⓓ
13	ⓐ ⓑ ⓒ ⓓ	33	ⓐ ⓑ ⓒ ⓓ	53	ⓐ ⓑ ⓒ ⓓ	73	ⓐ ⓑ ⓒ ⓓ	93	ⓐ ⓑ ⓒ ⓓ
14	ⓐ ⓑ ⓒ ⓓ	34	ⓐ ⓑ ⓒ ⓓ	54	ⓐ ⓑ ⓒ ⓓ	74	ⓐ ⓑ ⓒ ⓓ	94	ⓐ ⓑ ⓒ ⓓ
15	ⓐ ⓑ ⓒ ⓓ	35	ⓐ ⓑ ⓒ ⓓ	55	ⓐ ⓑ ⓒ ⓓ	75	ⓐ ⓑ ⓒ ⓓ	95	ⓐ ⓑ ⓒ ⓓ
16	ⓐ ⓑ ⓒ ⓓ	36	ⓐ ⓑ ⓒ ⓓ	56	ⓐ ⓑ ⓒ ⓓ	76	ⓐ ⓑ ⓒ ⓓ	96	ⓐ ⓑ ⓒ ⓓ
17	ⓐ ⓑ ⓒ ⓓ	37	ⓐ ⓑ ⓒ ⓓ	57	ⓐ ⓑ ⓒ ⓓ	77	ⓐ ⓑ ⓒ ⓓ	97	ⓐ ⓑ ⓒ ⓓ
18	ⓐ ⓑ ⓒ ⓓ	38	ⓐ ⓑ ⓒ ⓓ	58	ⓐ ⓑ ⓒ ⓓ	78	ⓐ ⓑ ⓒ ⓓ	98	ⓐ ⓑ ⓒ ⓓ
19	ⓐ ⓑ ⓒ ⓓ	39	ⓐ ⓑ ⓒ ⓓ	59	ⓐ ⓑ ⓒ ⓓ	79	ⓐ ⓑ ⓒ ⓓ	99	ⓐ ⓑ ⓒ ⓓ
20	ⓐ ⓑ ⓒ ⓓ	40	ⓐ ⓑ ⓒ ⓓ	60	ⓐ ⓑ ⓒ ⓓ	80	ⓐ ⓑ ⓒ ⓓ	100	ⓐ ⓑ ⓒ ⓓ

読解

NO	A B C D	NO	A B C D	NO	A B C D	NO	A B C D	NO	A B C D
101	ⓐ ⓑ ⓒ ⓓ	121	ⓐ ⓑ ⓒ ⓓ	141	ⓐ ⓑ ⓒ ⓓ	161	ⓐ ⓑ ⓒ ⓓ	181	ⓐ ⓑ ⓒ ⓓ
102	ⓐ ⓑ ⓒ ⓓ	122	ⓐ ⓑ ⓒ ⓓ	142	ⓐ ⓑ ⓒ ⓓ	162	ⓐ ⓑ ⓒ ⓓ	182	ⓐ ⓑ ⓒ ⓓ
103	ⓐ ⓑ ⓒ ⓓ	123	ⓐ ⓑ ⓒ ⓓ	143	ⓐ ⓑ ⓒ ⓓ	163	ⓐ ⓑ ⓒ ⓓ	183	ⓐ ⓑ ⓒ ⓓ
104	ⓐ ⓑ ⓒ ⓓ	124	ⓐ ⓑ ⓒ ⓓ	144	ⓐ ⓑ ⓒ ⓓ	164	ⓐ ⓑ ⓒ ⓓ	184	ⓐ ⓑ ⓒ ⓓ
105	ⓐ ⓑ ⓒ ⓓ	125	ⓐ ⓑ ⓒ ⓓ	145	ⓐ ⓑ ⓒ ⓓ	165	ⓐ ⓑ ⓒ ⓓ	185	ⓐ ⓑ ⓒ ⓓ
106	ⓐ ⓑ ⓒ ⓓ	126	ⓐ ⓑ ⓒ ⓓ	146	ⓐ ⓑ ⓒ ⓓ	166	ⓐ ⓑ ⓒ ⓓ	186	ⓐ ⓑ ⓒ ⓓ
107	ⓐ ⓑ ⓒ ⓓ	127	ⓐ ⓑ ⓒ ⓓ	147	ⓐ ⓑ ⓒ ⓓ	167	ⓐ ⓑ ⓒ ⓓ	187	ⓐ ⓑ ⓒ ⓓ
108	ⓐ ⓑ ⓒ ⓓ	128	ⓐ ⓑ ⓒ ⓓ	148	ⓐ ⓑ ⓒ ⓓ	168	ⓐ ⓑ ⓒ ⓓ	188	ⓐ ⓑ ⓒ ⓓ
109	ⓐ ⓑ ⓒ ⓓ	129	ⓐ ⓑ ⓒ ⓓ	149	ⓐ ⓑ ⓒ ⓓ	169	ⓐ ⓑ ⓒ ⓓ	189	ⓐ ⓑ ⓒ ⓓ
110	ⓐ ⓑ ⓒ ⓓ	130	ⓐ ⓑ ⓒ ⓓ	150	ⓐ ⓑ ⓒ ⓓ	170	ⓐ ⓑ ⓒ ⓓ	190	ⓐ ⓑ ⓒ ⓓ
111	ⓐ ⓑ ⓒ ⓓ	131	ⓐ ⓑ ⓒ ⓓ	151	ⓐ ⓑ ⓒ ⓓ	171	ⓐ ⓑ ⓒ ⓓ	191	ⓐ ⓑ ⓒ ⓓ
112	ⓐ ⓑ ⓒ ⓓ	132	ⓐ ⓑ ⓒ ⓓ	152	ⓐ ⓑ ⓒ ⓓ	172	ⓐ ⓑ ⓒ ⓓ	192	ⓐ ⓑ ⓒ ⓓ
113	ⓐ ⓑ ⓒ ⓓ	133	ⓐ ⓑ ⓒ ⓓ	153	ⓐ ⓑ ⓒ ⓓ	173	ⓐ ⓑ ⓒ ⓓ	193	ⓐ ⓑ ⓒ ⓓ
114	ⓐ ⓑ ⓒ ⓓ	134	ⓐ ⓑ ⓒ ⓓ	154	ⓐ ⓑ ⓒ ⓓ	174	ⓐ ⓑ ⓒ ⓓ	194	ⓐ ⓑ ⓒ ⓓ
115	ⓐ ⓑ ⓒ ⓓ	135	ⓐ ⓑ ⓒ ⓓ	155	ⓐ ⓑ ⓒ ⓓ	175	ⓐ ⓑ ⓒ ⓓ	195	ⓐ ⓑ ⓒ ⓓ
116	ⓐ ⓑ ⓒ ⓓ	136	ⓐ ⓑ ⓒ ⓓ	156	ⓐ ⓑ ⓒ ⓓ	176	ⓐ ⓑ ⓒ ⓓ	196	ⓐ ⓑ ⓒ ⓓ
117	ⓐ ⓑ ⓒ ⓓ	137	ⓐ ⓑ ⓒ ⓓ	157	ⓐ ⓑ ⓒ ⓓ	177	ⓐ ⓑ ⓒ ⓓ	197	ⓐ ⓑ ⓒ ⓓ
118	ⓐ ⓑ ⓒ ⓓ	138	ⓐ ⓑ ⓒ ⓓ	158	ⓐ ⓑ ⓒ ⓓ	178	ⓐ ⓑ ⓒ ⓓ	198	ⓐ ⓑ ⓒ ⓓ
119	ⓐ ⓑ ⓒ ⓓ	139	ⓐ ⓑ ⓒ ⓓ	159	ⓐ ⓑ ⓒ ⓓ	179	ⓐ ⓑ ⓒ ⓓ	199	ⓐ ⓑ ⓒ ⓓ
120	ⓐ ⓑ ⓒ ⓓ	140	ⓐ ⓑ ⓒ ⓓ	160	ⓐ ⓑ ⓒ ⓓ	180	ⓐ ⓑ ⓒ ⓓ	200	ⓐ ⓑ ⓒ ⓓ

ANSWER SHEET

JPT 실전 모의고사 4회

수험번호

성명 / 한글 / 한자 / 영자

좌석번호
Ⓐ Ⓑ Ⓒ Ⓓ Ⓔ
① ② ③ ④ ⑤ ⑥ ⑦

ANSWER SHEET

수험번호 □□□□□□□

성명 한글 ____ 한자 ____ 영자 ____

좌석번호 Ⓐ Ⓑ Ⓒ Ⓓ Ⓔ ① ② ③ ④ ⑤ ⑥ ⑦

聴 解

NO	ANSWER A B C D	NO	ANSWER A B C D	NO	ANSWER A B C D	NO	ANSWER A B C D	NO	ANSWER A B C D
1	ⓐ ⓑ ⓒ ⓓ	21	ⓐ ⓑ ⓒ ⓓ	41	ⓐ ⓑ ⓒ ⓓ	61	ⓐ ⓑ ⓒ ⓓ	81	ⓐ ⓑ ⓒ ⓓ
2	ⓐ ⓑ ⓒ ⓓ	22	ⓐ ⓑ ⓒ ⓓ	42	ⓐ ⓑ ⓒ ⓓ	62	ⓐ ⓑ ⓒ ⓓ	82	ⓐ ⓑ ⓒ ⓓ
3	ⓐ ⓑ ⓒ ⓓ	23	ⓐ ⓑ ⓒ ⓓ	43	ⓐ ⓑ ⓒ ⓓ	63	ⓐ ⓑ ⓒ ⓓ	83	ⓐ ⓑ ⓒ ⓓ
4	ⓐ ⓑ ⓒ ⓓ	24	ⓐ ⓑ ⓒ ⓓ	44	ⓐ ⓑ ⓒ ⓓ	64	ⓐ ⓑ ⓒ ⓓ	84	ⓐ ⓑ ⓒ ⓓ
5	ⓐ ⓑ ⓒ ⓓ	25	ⓐ ⓑ ⓒ ⓓ	45	ⓐ ⓑ ⓒ ⓓ	65	ⓐ ⓑ ⓒ ⓓ	85	ⓐ ⓑ ⓒ ⓓ
6	ⓐ ⓑ ⓒ ⓓ	26	ⓐ ⓑ ⓒ ⓓ	46	ⓐ ⓑ ⓒ ⓓ	66	ⓐ ⓑ ⓒ ⓓ	86	ⓐ ⓑ ⓒ ⓓ
7	ⓐ ⓑ ⓒ ⓓ	27	ⓐ ⓑ ⓒ ⓓ	47	ⓐ ⓑ ⓒ ⓓ	67	ⓐ ⓑ ⓒ ⓓ	87	ⓐ ⓑ ⓒ ⓓ
8	ⓐ ⓑ ⓒ ⓓ	28	ⓐ ⓑ ⓒ ⓓ	48	ⓐ ⓑ ⓒ ⓓ	68	ⓐ ⓑ ⓒ ⓓ	88	ⓐ ⓑ ⓒ ⓓ
9	ⓐ ⓑ ⓒ ⓓ	29	ⓐ ⓑ ⓒ ⓓ	49	ⓐ ⓑ ⓒ ⓓ	69	ⓐ ⓑ ⓒ ⓓ	89	ⓐ ⓑ ⓒ ⓓ
10	ⓐ ⓑ ⓒ ⓓ	30	ⓐ ⓑ ⓒ ⓓ	50	ⓐ ⓑ ⓒ ⓓ	70	ⓐ ⓑ ⓒ ⓓ	90	ⓐ ⓑ ⓒ ⓓ
11	ⓐ ⓑ ⓒ ⓓ	31	ⓐ ⓑ ⓒ ⓓ	51	ⓐ ⓑ ⓒ ⓓ	71	ⓐ ⓑ ⓒ ⓓ	91	ⓐ ⓑ ⓒ ⓓ
12	ⓐ ⓑ ⓒ ⓓ	32	ⓐ ⓑ ⓒ ⓓ	52	ⓐ ⓑ ⓒ ⓓ	72	ⓐ ⓑ ⓒ ⓓ	92	ⓐ ⓑ ⓒ ⓓ
13	ⓐ ⓑ ⓒ ⓓ	33	ⓐ ⓑ ⓒ ⓓ	53	ⓐ ⓑ ⓒ ⓓ	73	ⓐ ⓑ ⓒ ⓓ	93	ⓐ ⓑ ⓒ ⓓ
14	ⓐ ⓑ ⓒ ⓓ	34	ⓐ ⓑ ⓒ ⓓ	54	ⓐ ⓑ ⓒ ⓓ	74	ⓐ ⓑ ⓒ ⓓ	94	ⓐ ⓑ ⓒ ⓓ
15	ⓐ ⓑ ⓒ ⓓ	35	ⓐ ⓑ ⓒ ⓓ	55	ⓐ ⓑ ⓒ ⓓ	75	ⓐ ⓑ ⓒ ⓓ	95	ⓐ ⓑ ⓒ ⓓ
16	ⓐ ⓑ ⓒ ⓓ	36	ⓐ ⓑ ⓒ ⓓ	56	ⓐ ⓑ ⓒ ⓓ	76	ⓐ ⓑ ⓒ ⓓ	96	ⓐ ⓑ ⓒ ⓓ
17	ⓐ ⓑ ⓒ ⓓ	37	ⓐ ⓑ ⓒ ⓓ	57	ⓐ ⓑ ⓒ ⓓ	77	ⓐ ⓑ ⓒ ⓓ	97	ⓐ ⓑ ⓒ ⓓ
18	ⓐ ⓑ ⓒ ⓓ	38	ⓐ ⓑ ⓒ ⓓ	58	ⓐ ⓑ ⓒ ⓓ	78	ⓐ ⓑ ⓒ ⓓ	98	ⓐ ⓑ ⓒ ⓓ
19	ⓐ ⓑ ⓒ ⓓ	39	ⓐ ⓑ ⓒ ⓓ	59	ⓐ ⓑ ⓒ ⓓ	79	ⓐ ⓑ ⓒ ⓓ	99	ⓐ ⓑ ⓒ ⓓ
20	ⓐ ⓑ ⓒ ⓓ	40	ⓐ ⓑ ⓒ ⓓ	60	ⓐ ⓑ ⓒ ⓓ	80	ⓐ ⓑ ⓒ ⓓ	100	ⓐ ⓑ ⓒ ⓓ

読 解

NO	ANSWER A B C D	NO	ANSWER A B C D	NO	ANSWER A B C D	NO	ANSWER A B C D	NO	ANSWER A B C D
101	ⓐ ⓑ ⓒ ⓓ	121	ⓐ ⓑ ⓒ ⓓ	141	ⓐ ⓑ ⓒ ⓓ	161	ⓐ ⓑ ⓒ ⓓ	181	ⓐ ⓑ ⓒ ⓓ
102	ⓐ ⓑ ⓒ ⓓ	122	ⓐ ⓑ ⓒ ⓓ	142	ⓐ ⓑ ⓒ ⓓ	162	ⓐ ⓑ ⓒ ⓓ	182	ⓐ ⓑ ⓒ ⓓ
103	ⓐ ⓑ ⓒ ⓓ	123	ⓐ ⓑ ⓒ ⓓ	143	ⓐ ⓑ ⓒ ⓓ	163	ⓐ ⓑ ⓒ ⓓ	183	ⓐ ⓑ ⓒ ⓓ
104	ⓐ ⓑ ⓒ ⓓ	124	ⓐ ⓑ ⓒ ⓓ	144	ⓐ ⓑ ⓒ ⓓ	164	ⓐ ⓑ ⓒ ⓓ	184	ⓐ ⓑ ⓒ ⓓ
105	ⓐ ⓑ ⓒ ⓓ	125	ⓐ ⓑ ⓒ ⓓ	145	ⓐ ⓑ ⓒ ⓓ	165	ⓐ ⓑ ⓒ ⓓ	185	ⓐ ⓑ ⓒ ⓓ
106	ⓐ ⓑ ⓒ ⓓ	126	ⓐ ⓑ ⓒ ⓓ	146	ⓐ ⓑ ⓒ ⓓ	166	ⓐ ⓑ ⓒ ⓓ	186	ⓐ ⓑ ⓒ ⓓ
107	ⓐ ⓑ ⓒ ⓓ	127	ⓐ ⓑ ⓒ ⓓ	147	ⓐ ⓑ ⓒ ⓓ	167	ⓐ ⓑ ⓒ ⓓ	187	ⓐ ⓑ ⓒ ⓓ
108	ⓐ ⓑ ⓒ ⓓ	128	ⓐ ⓑ ⓒ ⓓ	148	ⓐ ⓑ ⓒ ⓓ	168	ⓐ ⓑ ⓒ ⓓ	188	ⓐ ⓑ ⓒ ⓓ
109	ⓐ ⓑ ⓒ ⓓ	129	ⓐ ⓑ ⓒ ⓓ	149	ⓐ ⓑ ⓒ ⓓ	169	ⓐ ⓑ ⓒ ⓓ	189	ⓐ ⓑ ⓒ ⓓ
110	ⓐ ⓑ ⓒ ⓓ	130	ⓐ ⓑ ⓒ ⓓ	150	ⓐ ⓑ ⓒ ⓓ	170	ⓐ ⓑ ⓒ ⓓ	190	ⓐ ⓑ ⓒ ⓓ
111	ⓐ ⓑ ⓒ ⓓ	131	ⓐ ⓑ ⓒ ⓓ	151	ⓐ ⓑ ⓒ ⓓ	171	ⓐ ⓑ ⓒ ⓓ	191	ⓐ ⓑ ⓒ ⓓ
112	ⓐ ⓑ ⓒ ⓓ	132	ⓐ ⓑ ⓒ ⓓ	152	ⓐ ⓑ ⓒ ⓓ	172	ⓐ ⓑ ⓒ ⓓ	192	ⓐ ⓑ ⓒ ⓓ
113	ⓐ ⓑ ⓒ ⓓ	133	ⓐ ⓑ ⓒ ⓓ	153	ⓐ ⓑ ⓒ ⓓ	173	ⓐ ⓑ ⓒ ⓓ	193	ⓐ ⓑ ⓒ ⓓ
114	ⓐ ⓑ ⓒ ⓓ	134	ⓐ ⓑ ⓒ ⓓ	154	ⓐ ⓑ ⓒ ⓓ	174	ⓐ ⓑ ⓒ ⓓ	194	ⓐ ⓑ ⓒ ⓓ
115	ⓐ ⓑ ⓒ ⓓ	135	ⓐ ⓑ ⓒ ⓓ	155	ⓐ ⓑ ⓒ ⓓ	175	ⓐ ⓑ ⓒ ⓓ	195	ⓐ ⓑ ⓒ ⓓ
116	ⓐ ⓑ ⓒ ⓓ	136	ⓐ ⓑ ⓒ ⓓ	156	ⓐ ⓑ ⓒ ⓓ	176	ⓐ ⓑ ⓒ ⓓ	196	ⓐ ⓑ ⓒ ⓓ
117	ⓐ ⓑ ⓒ ⓓ	137	ⓐ ⓑ ⓒ ⓓ	157	ⓐ ⓑ ⓒ ⓓ	177	ⓐ ⓑ ⓒ ⓓ	197	ⓐ ⓑ ⓒ ⓓ
118	ⓐ ⓑ ⓒ ⓓ	138	ⓐ ⓑ ⓒ ⓓ	158	ⓐ ⓑ ⓒ ⓓ	178	ⓐ ⓑ ⓒ ⓓ	198	ⓐ ⓑ ⓒ ⓓ
119	ⓐ ⓑ ⓒ ⓓ	139	ⓐ ⓑ ⓒ ⓓ	159	ⓐ ⓑ ⓒ ⓓ	179	ⓐ ⓑ ⓒ ⓓ	199	ⓐ ⓑ ⓒ ⓓ
120	ⓐ ⓑ ⓒ ⓓ	140	ⓐ ⓑ ⓒ ⓓ	160	ⓐ ⓑ ⓒ ⓓ	180	ⓐ ⓑ ⓒ ⓓ	200	ⓐ ⓑ ⓒ ⓓ

MEMO

MEMO

동양북스 채널에서 더 많은 도서
더 많은 이야기를 만나보세요!

외국어 출판 45년의 신뢰
외국어 전문 출판 그룹
동양북스가 만드는 책은 다릅니다.

45년의 쉼 없는 노력과 도전으로 책 만들기에 최선을 다해온
동양북스는 오늘도 미래의 가치에 투자하고 있습니다.
대한민국의 내일을 생각하는 도전 정신과 믿음으로 최선을 다하겠습니다.

동양북스